大學教材・考試用書　學科概要叢書

兒童發展與輔導
概要

吳錦惠　吳俊憲　編著

作者的話

　　兒童發展與輔導旨在探討個體行為發展的過程、影響因素及輔導策略。本書共分十一章，第一章緒論介紹兒童發展的意義、原則及研究方法，第二章說明身體與動作的發展與輔導，第三章剖析認知的發展與輔導，第四章闡述語言的發展與輔導，第五章探討情緒的發展與輔導，第六章說明道德的發展與輔導，第七章說明人格的發展與輔導，第八章探究智力的發展與輔導，第九章釐析創造力的發展與輔導，第十章闡述繪畫與遊戲能力的發展與輔導，第十一章探討社會行為的發展與輔導。

　　本書討論對象涵蓋嬰幼兒（0～6歲）到學齡兒童（6～12歲）階段，探討的課題包括身體、動作、認知、語言、情緒、道德、人格、智力、創造力、繪畫、遊戲及社會行為，從定義、理論、特徵、影響因素及輔導策略等面向切入分析。本書撰寫方式不採長篇論述，儘量條列重點敘述或輔以圖表呈現，讓讀者能夠有系統的閱讀，並易於記憶理解。本書蒐集及整理的資料，已儘可能網羅國內近年來重要的相關專書及最新資料，透過資料交互間的截長補短，使讀者可以全盤掌握兒童發展與輔導最基本的概念知識、原理原則、理論基礎及應用方式。

　　本書除了可作為綜合大學、科技大學、技術學院及高職相關科系所之學生的入門教材，也可以作為準備國家考試（含普考、初等考試、四等特考、社福特考及教師檢定考等）的講義。每章文後，開設「作者的叮嚀」專欄，提示本章的重點；每章之後，加列「自我測驗」，提供讀者自我檢測及延伸思考；另外，每章最末的「歷屆考題精選」，特別蒐集近年來國家考試的相關試題，主要為選擇題與問答題，題末均註明考試年次及類別，並提供參考解答。

書成之際，特別感謝靜宜大學社會工作與兒童少年福利學系林千婷、石涵如、廖郁欣、黃玫甄四位學生，協助蒐集及整理資料。另外，也要感謝五南圖書出版公司陳念祖副總編輯努力為本書催生。本書匆促成書，疏漏之處在所難免，尚祈方家不吝指正。

吳錦惠　吳俊憲

2011年7月

目 錄

表 次

Chapter 1

緒 論

本章學習重點

■兒童發展的意義與特徵
　一、定義－1.生長：量的增加
　　　　　　2.發展：量的增加＋質的改變
　二、本質－1.連續發展觀v.s.階段發展觀
　　　　　　2.主動發展觀v.s.被動發展觀
　　　　　　3.整體發展觀
　　　　　　4.全人發展觀
　三、分期與特徵－1.產前期（受精～出生）
　　　　　　　　　2.新生兒期（出生～1個月）
　　　　　　　　　3.嬰兒期（1個月～未滿2歲）
　　　　　　　　　4.幼兒期（2歲～未滿6歲）
　　　　　　　　　5.學齡期（6歲～未滿12歲）
■兒童發展的原則與因素
　一、原則－1.連續性
　　　　　　2.階段性
　　　　　　3.不平衡性
　　　　　　4.相似性
　　　　　　5.個別差異性
　二、影響因素－1.遺傳與環境
　　　　　　　　2.成熟與學習
■兒童發展的研究方法
　一、以時間為基礎的設計－1.橫斷法
　　　　　　　　　　　　　2.縱貫法
　　　　　　　　　　　　　3.回溯法
　　　　　　　　　　　　　4.輻合研究法（橫斷法＋縱貫法）
　二、以人為基礎的設計－1.直接觀察法
　　　　　　　　　　　　2.間接觀察法
　　　　　　　　　　　　3.個案研究法

第一節　兒童發展的意義與特徵

一、兒童發展的定義

兒童發展的定義，說明如下：（歐淑英，2001；劉明德、林大巧，2003）

(一) 發展（development）是指個體從受精開始到死亡期間，隨著時間、年齡及經驗的增加，身心狀況和行為上產生質與量的變化歷程。

(二) 身高和體重的改變，屬於個體的「生長」，只有量的增加；智力和人格特質的改變，屬於個體的「發展」，包括量的增加與質的變化。

二、兒童發展的本質

兒童發展的本質，說明如下：（黃天、邱妍祥、谷芊，2005）

(一) 連續發展觀v.s.階段發展觀

1.連續發展觀：發展是接連不斷的過程，行為發展的變化是逐步漸進的。

2.階段發展觀：發展是階段方式進行的，所有兒童經歷的階段相同固定。

(二) 主動發展觀v.s.被動發展觀

1.主動發展觀：兒童自我發展，並與環境互動產生學習結果。

2.被動發展觀：兒童受到環境限制，被動的獲得學習結果。

（三）整體發展觀

視人為完整的個體，發展過程是為整體、綜合的歷程。

（四）全人發展觀

1.由幼稚階段到成熟期間的改變歷程。

2.分為胎兒期、嬰幼兒期、兒童期、青少年期、壯年期、成年期、中年期及老年期。

3.嬰幼兒期的生長變化最快速，兒童期及青少年期的發展最明顯，成年期是穩定階段，老年期是衰退階段。

三、兒童發展的分期與特徵

兒童發展各時期有不同的特徵，說明如下：（王靜珠、洪靜安、陳青青、黃友松、蔡春美，1995）

（一）產前期

從受精到出生的期間。

（二）新生兒期

係指胎兒出生後到1個月。出生時會發出哭聲，新生兒的行為大都是反射性的，例如眼睛遇到光線會自動收縮瞳孔，東西放在手中會自動抓握。這個時期之末，已開始能記憶幾分鐘前所發生的事情。

（三）嬰兒期

係指1個月到未滿2歲。此時期最主要的發展是感覺動作的協調及社會依附。

（四）幼兒期

係指2歲到未滿6歲。此時期的發展重點，從一個自我中心的幼兒即將轉變成一個準備入學學習讀、寫、算，且行為能切合實際的兒童。

（五）學齡（兒童）期

係指6歲到未滿12歲，進入小學就讀的時期。此時期兒童認知能力有顯著的發展，能學會分類、能同時考慮情境中的其他部分、能做簡單的抽象思考。

第二節　兒童發展的原則與因素

一、兒童發展的原則

兒童發展的一般性原則，說明如下：（經佩芝、杜淑美，1994；盧素碧，1989）

（一）連續性

個體行為的發展常是連續性的，是一種循序漸進的過程，早期發展往往是後期發展的基礎。

（二）階段性

每一個階段都有不同的發展任務。例如：

1.嬰兒期的發展任務

（1）學習了解語言。

（2）學吃固體食物。

（3）發展基本動作。

（4）完成生理機能。

（5）發展社會依附。

2.幼兒期的發展任務

（1）基本動作及技能養成。

（2）學習獲得各種的概念。

（3）養成基本的生活習慣。

（4）認識身體部位及功能。

（5）與親人同儕建立關係。

3.兒童期的發展任務

（1）均衡與營養的飲食。

（2）強健的身體與發育。

（3）充足的睡眠與作息。

（4）視力的保健。

（5）意外傷害的避免。

（三）不平衡性

發展的速率呈現不一致模式，而非等速上升，例如：幼兒期是加速發展，兒童期是平衡發展，青春期加速發展，成年期是平衡發展。

（四）相似性

發展的方向是可以預測的，有以下共同特徵：

1.由上而下

由頭部發展到足部，例如：嬰兒出生後開始學會一些基本能力，運用抬頭動作使脖子在2、3個月才可以真正挺直，最後，在1年後學會行走的動作技能。

2.由中心到邊緣

由軀幹發展到四肢，例如：嬰兒可以先學會坐到會站立，先會利用手臂力量再到手的控制，就像嬰兒學習取物的歷程是「抱→握→抓」。

3.由籠統→分化→統整

由一般→特殊→統整。兒童的動作行為一開始是隨意的，隨著年齡成長，身體接受外界刺激增加，身體功能逐漸趨於協調平衡，例如：嬰兒有抓握的能力，是先有手臂和手掌的籠統活動，逐漸會利用手指間的聯繫出現捏的動作，到最後才出現手眼協調的能力。

（五）個別差異性

個體的發展速率會受到遺傳和環境等因素而出現快慢及差異，例如：嬰兒6～8個月就會長出第一顆乳牙，但有些孩子可能會提早或延後長出來。

二、兒童發展的影響因素

兒童發展過程會受到「遺傳與環境因素」、「成熟與學習因素」及因素間交互作用的影響，使得個體產生對外在刺激與內在變化的交互作用，說明如下：（王淑芬，2005）

（一）遺傳與環境

1.遺傳

（1）個體自受精後，透過遺傳基因，使得父母的生理和心理特質可以傳遞給子女。

（2）以同卵或異卵雙生子的實驗研究為例：同卵雙生子較異卵雙生子，以及異卵雙生子較一般親生父母子女血緣關係更近，且在智力、性格及外貌上的發展，較寄養父母與子女受遺傳因子的影響為大。

2.環境

（1）包括產前的母胎環境及後天的生長環境。

（2）行為主義學者華生（Watson）認為，無論孩子的天賦、能力及性向為何，只要是正常的嬰兒，都可以訓練成各種專業人士，例如醫生、律師，甚至是乞丐或小偷。

3.遺傳與環境的交互作用

（1）遺傳對特殊身心特質的影響較大，例如：天才、才藝及身體構造；環境對個人的語言、興趣、社會行為及抽象思考能力的影響較大。

（2）個體自生命開始，帶著父母的遺傳在環境中生長、發展；同樣的，任何成長中的個體，必須有適當的環境支持。

（二）成熟與學習

1.成熟

（1）個體內在成熟因素的發展，例如：「坐→爬→站→走」等基本動作技巧。

（2）葛塞爾（Gesell）以同卵雙生子爬樓梯進行實驗研究，46個星期大的兄弟倆，在不同的時機學習爬樓梯，結果雖然哥哥先學

會爬到頂端，但弟弟在個體較為成熟時練習，雖然練習時間比哥哥來得短，但成績卻比哥哥好。等到兄弟倆到54個星期大，個體真正達到成熟時，兩人爬樓梯的成績已極為相似。

2.學習

（1）環境中提供適當的外在刺激，可以增加學習的機會。

（2）掌握學習的「關鍵時機」，才能使兒童的行為得到充分發展。

3.成熟與學習的交互作用

（1）兒童發展無法「揠苗助長」，必須等待心理和生理機能的成熟才可以學習，學習後又能促進心理和生理機能的成熟。例如學習寫字，必先等手掌骨骼發育成熟後才練習，字才能寫得好，也不會妨礙手掌骨骼的發展；而且經常練習，又有益於手掌骨骼更加茁壯。

（2）個體越幼稚，行為（例如坐、爬、站、走）受成熟因素的影響越大；個體較年長，行為（例如說話、寫字）受學習因素的影響越大。

第三節　兒童發展的研究方法

兒童發展的研究方法，主要有以下兩類，說明如下，優缺點的比較見表1：（黃志成、王淑芬，1995）

一、以時間為基礎的設計

（一）橫斷法

1.建立「常模」時使用的方法。

表1 橫斷法與縱貫法的優缺點比較

優缺點 研究方法	優　點	缺　點
橫斷法	1.省時、省錢。 2.資料數據容易處理。 3.研究對象穩定。	1.無法顧及同年齡兒童的個別差異。 2.不易提供兒童發展的變化及因果關係的資料。 3.無法考量不同年齡層的環境改變。
縱貫法	1.容易分析兒童的發展歷程。 2.能獲得兒童發展的變化及因果關係資料。 3.能分析影響兒童發展的各種成熟與環境因素。	1.費時、費錢。 2.資料數據容易處理。 3.研究對象容易流失。

資料來源：本書自行整理。

2.在同一時間內，選取不同年齡層的兒童做為研究對象，觀察其行為特徵。

（二）縱貫法

1.以同一群兒童做為研究對象，研究他們在不同年齡層所表現的行為模式。

2.例如對同一群兒童，從「嬰幼兒→兒童→青少年」進行追蹤性的長期研究。

（三）回溯法

1.想要研究的事件（或現象）已經發生，無法直接觀察，只能回溯歷史資料或詢問被研究對象的親友，因此，研究結果無法推論因果關係。

2.例如：研究一位天才兒童的成長經驗及影響因素。

（四）輻合研究法

1. 又稱「連續比較法」（橫斷法＋縱貫法）。
2. 先採橫斷法，選取不同年齡層的研究樣本進行觀察，然後改採縱貫法，每年重複觀察這群研究對象，連續進行3～5年，就能獲得不同年齡層的研究對象在不同時期的發展資料。

二、以人為基礎的設計

（一）直接觀察法

1. 自然觀察法：觀察兒童在自然情境下所表現的各種行為。
2. 控制觀察法：預先設計某種情境來影響兒童行為，再進行觀察、蒐集資料。

（二）間接觀察法

1. 透過熟悉兒童的第三者（例如父母、老師、兄長），取得兒童行為的資料，做為研究的依據。
2. 也可以使用徵詢法、問卷法、晤談法、評定法及回憶法。

（三）個案研究法

1. 選取一個兒童或一個團體做為研究對象，進行深入詳盡的觀察，有系統的蒐集兒童有關的資料，包括出生史、嬰幼兒期的成長、家庭狀況、社區的自然與人文環境、學校的生活狀況等。
2. 蒐集資料的方法包括觀察、心理測驗、醫學檢定及評估等，然後進行資料的科學診斷、分析，最後提出改進意見。

作者的叮嚀

1. 兒童發展的定義：個體自出生到兒童期，隨著時間、年齡及經驗的增加，身心狀況和行為上產生質與量的變化歷程。

2. 兒童發展的本質：（1）連續發展觀v.s.階段發展觀；（2）主動發展觀v.s.被動發展觀；（3）整體發展觀；（4）全人發展觀。

3. 兒童發展的分期：（1）產前期；（2）新生兒期；（3）嬰兒期；（4）幼兒期；（5）兒童期。

4. 兒童發展的原則：（1）連續性；（2）階段性；（3）不平衡性；（4）相似性；（5）個別差異性。

5. 兒童發展的共同特徵：（1）由上而下；（2）由中心到邊緣（軀幹到四肢）；（3）由籠統→分化→統整。

6. 兒童發展的影響因素：（1）遺傳與環境因素；（2）成熟與學習因素；（3）因素間的交互作用。

7. 行為主義學者華生（Watson）主張教育萬能說。

8. 受到內在成熟因素影響，嬰幼兒基本動作的發展順序：坐→爬→站→走。

9. 兒童發展的研究方法：（1）以時間為基礎的設計（橫斷法、縱貫法、回溯法、輻合研究法）；（2）以人為基礎的設計（直接觀察法、間接觀察法、個案研究法）。

10. 輻合研究法：又稱連續比較法（橫斷法＋縱貫法），先選取不同年齡層的兒童進行觀察，然後每年重複觀察這群兒童，以獲得兒童發展的資料。

自我測驗

一、選擇題

(A) 1.身體和生理發展的速度，大致可分為四個不同的週期，其次序為何？　(A)迅速、緩慢、迅速、緩慢　(B)迅速、迅速、緩慢、緩慢　(C)緩慢、緩慢、迅速、迅速　(D)緩慢、迅速、緩慢、迅速。

(D) 2.有關兒童發展的敘述，下列何者為非？　(A)發展依賴成熟和學習　(B)發展是連續的過程　(C)發展是由統整到分化的過程　(D)晚期的發展比早期的發展更重要。

(C) 3.個體身心特質的發展並非等速上升，而是呈波浪形向前推進，這符合兒童發展的什麼原則？　(A)連續性　(B)階段性　(C)不平衡性　(D)相似性。

(B) 4.下列有關「發展」的定義，何者是正確的敘述？　(A)發展是指量的增加，生長則包括質與量的改變　(B)發展歷程是由受精開始到死亡的期間　(C)環境對生理發展沒有影響　(D)發展的階段因人而異。

(B) 5.葛塞爾（Gesell）同卵雙生子爬樓梯的實驗研究，支持下列何種發展理論？　(A)心理分析理論　(B)自然成熟理論　(C)學習論　(D)認知論。

(B) 6.兒童身心發展的過程，依循著下列哪一種順序？　(A)籠統→統整→分化　(B)籠統→分化→統整　(C)統整→籠統→分化　(D)分化→籠統→統整。

(D) 7.想要建立5歲兒童的生長常模，最好使用何種研究方法？　(A)日記法　(B)實驗法　(C)縱貫法　(D)橫斷法。

（　　）8.在兒童發展的研究方法中，下列哪一種最能提供因果關係　**(C)**
的推論？　(A)觀察法　(B)個案研究法　(C)實驗法　(D)
調查法。

（　　）9.想要在不同時間內蒐集不同年齡兒童的發展資料，可採用　**(B)**
下列何種方法為宜？　(A)縱貫法　(B)橫斷法　(C)個案研
究法　(D)晤談法。

（　　）10.下列對遺傳、環境、成熟、學習的說明，何者正確？　**(D)**
(A)環境對智力和特殊才能影響較大，遺傳對語言、人
格及社會行為影響較大　(B)隨著個體的成長，學習因素
對行為的支配力逐漸比成熟因素小　(C)複雜高級心理機
能，受遺傳及成熟的影響較大　(D)遺傳、環境、成熟、
學習一直發生交互作用，並隨個體生長程度的改變而改
變。

二、問答題

1. 請說明兒童發展的一般原則？
2. 請說明兒童發展可區分為哪些時期，各時期的特徵為何？
3. 請說明嬰兒期的發展任務為何？
4. 兒童發展的方向是可以預測的，因為具有一些共同特徵，試說明之。
5. 什麼是輻合研究法？請舉例說明之。

歷屆考題精選

一、選擇題

(D) 1.關於幼兒「發展」一詞的意義,下列敘述何者正確? (A)發展的速度是連續且一致的 (B)發展受環境影響而不受學習的影響 (C)發展是由特殊反應到一般反應 (D)發展具有共同規律,但也存有個別差異。

【2000年四技二專入學考】

(A) 2.下列關於幼兒保育研究法的敘述,何者錯誤? (A)「日記描述法」可對幼兒的行為來做詳盡紀錄並且量化 (B)「個案研究法」是匯集各種研究法的方法 (C)「橫斷法」可在短時間內蒐集不同年齡的發展資料 (D)「實驗法」是在可控制的情境下,來觀察依變項的變化。

【2000年四技二專入學考】

(D) 3.研究者針對一群年齡相同的幼兒,自其進入托兒所至國中畢業期間,間歇地、重複地進行生長發展的觀察,這是屬於下列哪一種研究法? (A)個案研究法 (B)橫斷研究法 (C)測量研究法 (D)縱貫研究法。

【2001年四技二專入學考】

(C) 4.下列有關人類「發展」的敘述,何者正確? (A)發展的特性是在跳躍歷程中呈現階段現象 (B)個體的發展會呈現個別差異性,無發展模式的相似性 (C)個體身心的發展順序為模糊籠統化→分化→統整化 (D)發展僅只身體變高、體重的改變。 【2001年四技二專入學考】

(C) 5.有關遺傳、環境、成熟、學習對個體發展的影響,下列敘述何者正確? (A)智力發展受環境因素影響較遺傳因素大

(B)創造力發展受遺傳因素影響較環境因素大　(C)嬰兒基本情緒發展受成熟因素影響較學習因素大　(D)嬰兒生理動作發展受學習因素影響較成熟因素大。

【2001年四技二專入學考】

(　)6.個體身心特質發展速率的差異，是指下列何種發展原則？　**(D)**
(A)連續性　(B)個別性　(C)方向性　(D)不平衡性。

【2002年四技二專入學考】

(　)7.為了牙齒的保健，嬰幼兒應該從何時開始去牙科做檢查？　**(A)**
(A)1歲以內開始　(B)3歲開始　(C)5歲開始　(D)7歲開始。

【2003年四技二專入學考】

(　)8.下列幼兒發展的一般原則，何者正確？　(A)發展速率是　**(D)**
先慢後快　(B)發展是由邊緣到中央　(C)發展是有個別差異，沒有共同性　(D)發展的過程是由一般到特殊。

【2003年四技二專入學考】

(　)9.有關胎兒發展的敘述，下列何者最適合？　(A)2週大時，　**(D)**
可藉由產科聽筒來聽心跳　(B)胚胎期中胚層分化時，開始形成器官　(C)6週大時，會吸吮手指　(D)20週大時，以藉由超音波來判斷性別。　【2004年四技二專入學考】

(　)10.為因應兒童的身心發展，下列何者是國小學童生涯輔導的　**(C)**
重點？　(A)生涯覺察　(B)生涯探索　(C)生涯準備　(D)生涯決定。　【2006年教師檢定考】

(　)11.下列哪一種輔導行為符合倫理要求？　(A)告知有監護權　**(A)**
的家長其未成年子女有意私奔　(B)告知個案輔導者本人的住所及電話，讓個案隨時可以求助　(C)將導師輔導資料提供給個案　(D)為了得到完整資料，要求個案完成所有心理測驗。　【2006年教師檢定考】

（ ）12.下列有關小勛的個案觀察紀錄，哪一項描述較為客觀？ **(C)**
(A)小勛用彩色筆畫泰華的衣服 (B)小勛很調皮，喜歡在教室裡跑來跑去 (C)小勛喜歡攻擊班上同學，且喜歡破壞同學的物品 (D)小勛個性活潑外向，常常坐不住。
【2006年教師檢定考】

（ ）13.張老師正在輔導班上一位遭受家庭暴力傷害的學生，他完整記錄了輔導的過程與內容。依據輔導倫理，下列何者最具有資格調閱其個案紀錄？ (A)父母 (B)法院 (C)校長 (D)村里長。 【2007年教師檢定考】 **(B)**

（ ）14.人類的第幾對染色體為性染色體，會決定個體性別？ **(D)**
(A)第20 對 (B)第21 對 (C)第22 對 (D)第23 對。
【2007年教師檢定考】

（ ）15.下列有關遺傳現象的敘述，何者正確？ (A)色盲的女性比色盲的男性多 (B)基因可能遵循顯性－隱性或共顯性（codominant）模式 (C)性聯遺傳（sex-linked characteristics）是由在X染色體上的顯性基因所致 (D)遺傳了兩個顯性的鐮刀型細胞基因，才會罹患鐮刀型細胞貧血症（sickle-cell anemia）。 【2007年教師檢定考】 **(B)**

（ ）16.教師在輔導學生時，能設身處地對學生產生一種共鳴性的了解，此種輔導技巧為何？ (A)同理心 (B)積極關注 (C)真誠與一致 (D)尊重與接納。【2007年教師檢定考】 **(A)**

（ ）17.在一特定時間內，同時對不同年齡兒童進行觀測，以評量在發展過程中特定功能的改變，是屬於下列何種研究設計？ (A)觀察研究設計 (B)橫斷研究設計 (C)縱貫研究設計 (D)序列研究設計。 【2009年教師檢定考】 **(B)**

二、問答題【解答請見附錄】

1. 試說明影響兒童發展的因素。　　　　　　　【2005年社工人員四等特考】

2. 請敘述個案輔導的基本步驟，並簡要說明之。　　【2006年教師檢定考】

3. 保密是輔導工作者應遵守的基本原則，但有特殊情況時，得以解除。請試列舉五種保密的特殊情況？　　　　　　　　【2010年教師檢定考】

4. 如何幫助幼兒在學前階段作好幼小銜接的準備呢？請至少提出三項，並作簡要說明。　　　　　　　　　　【2010年原住民四等特考】

Chapter **2**

身體與動作的發展與輔導

本章學習重點

第一節 身體的發展與影響因素

一、身體的發展

從身高、體重、牙齒及發展速率，說明如下：（王淑芬，2005；郭靜晃，2005）

（一）身高的發展

1. 出生後第1年，身高的增長速率最快，其次是青春期，再次是3～6歲。
2. 幼兒1歲時，身高約為出生時的1.5倍；4歲時，約為出生時的2倍。

（二）體重的發展

1. 出生後第1年，體重增加的速率最快；到1歲時，嬰兒的體重約等於出生時的3倍，3歲時約4倍，5歲時約5倍，6歲時約5.5倍。
2. 嬰幼兒期的體重會受到營養、疾病及環境因素影響，體重的增加主要來自脂肪組織的增多。

（三）牙齒的發展

1. 乳牙（20顆）：下門牙→上門牙→上側門牙→下側門牙→上、下第一臼齒→上、下單尖牙→上、下第二臼齒。
2. 恆齒（32顆）：乳牙約在5、6歲開始掉落，第一顆恆齒長出，之後每年約長4顆恆齒，第一大臼齒、第二大臼齒、第三大臼齒（智齒）約在6歲、12歲及20歲左右分別長出。

（四）發展的速率

1. 身體各組織器官的發展速率均不相同、有快有慢。
2. 扁桃腺、胸腺及淋巴腺等分泌組織：4～6歲幼兒期發展最快，至11～12歲達到高峰後下降。
3. 腦、脊髓及周邊神經系統：胎兒期開始發展，嬰幼兒期發展最快速，3～4歲後趨緩，6歲時達90%，14歲左右達100%。
4. 骨骼、肌肉及內臟等器官：骨骼發展在1～2歲急速上升，兒童期是緩慢狀態，到青春期再加速發展，至20歲左右停止。大肌肉在3歲左右成熟，小肌肉約至6歲左右成熟。內臟器官包括呼吸、循環、消化、排泄等系統。
5. 睪丸、卵巢及子宮等生殖器官：呈現先慢後快的發展曲線，12～13歲進入青春期後急速發展，至20歲左右達100%。

二、身體發展的影響因素

身體發展的影響因素，主要有遺傳、環境及養育方式，說明如下：（郭靜晃，2005；黃志成、王淑芬，1995）

（一）遺傳因素

父母的遺傳基因決定子女身心的特質，從身體與生理方面來說，身高、膚色、髮色、臉型、鼻樑高度、眼睛大小，甚至身體器官的組織及功能等，大都取決於遺傳。

（二）環境因素

包括產前的母體環境，以及產後的環境衛生、營養狀況、活動場所等。

（三）養育方式

父母正確的養育方法，可以幫助兒童養成有益身心發展的良好習慣，例如飲食、睡眠、運動及衛生等，身體發展自然就會正常、健康。

第二節 動作的發展與影響因素

一、動作的發展

（一）反射動作的發展

新生兒最先出現的動作行為，大都是反射動作，它不受自我意識控制，目的在於保護自我。反射動作的類型如下：（吳美姝、陳英進，2000）

1.原始反射：自我保護與攝食

（1）洋娃娃眼睛反射

新生兒出生10天內，當他的頭轉向一邊時，眼球會延遲一段時間後才跟著頭轉過去。

（2）頸強直反射

嬰兒平躺，頭轉向一側時，同側的手臂和腿會伸直，另一側的手臂和腿會彎曲，約2～3個月消失。

（3）踏步反射

扶著嬰兒腋下，把他抱直，使他的腳背接觸平臺面，此時他的腳會交替舉起，做出類似踏步的動作，約2～3個月消失。

（4）達爾文反射（Darwinian reflex）

又稱抓握反射，用手或物品輕觸新生兒的手心，手掌會自動蜷曲，並且緊抓不放，約3個月逐漸消失。

（5）莫洛反射（Moro reflex）

又稱驚嚇反射或擁抱反射，當新生兒突然受到刺激（例如聲光或痛覺），或瞬間失去平衡，會立刻伸出雙腿雙手，手指頭用力張開，好像想抓住東西一樣，約3～5個月後消失。

（6）巴賓斯基反射（Babinsky reflex）

又稱足底反射，輕撫新生兒的腳掌，腳拇趾會呈背屈狀，其餘四趾呈扇形展開，約1歲時消失。

（7）吸吮反射（sucking reflex）

嬰兒時常會吸吮拇指或中指，約12個月時消失。

（8）探索反射（rooting reflex）

又稱尋乳反射，用手指撫摸新生兒的臉頰或嘴角時，他會把頭轉向手指觸及的那一邊。

2.體態反射：保持身體平衡

（1）降落傘反射（parachute reflex）

從背後把新生兒直立抱起，並且迅速地往下降，他會把腳向外伸，手臂張開，像跳降落傘的姿勢一樣。

（2）正姿反射（labyrinthine reflex）

身體傾斜時，頭部會向反傾斜方向偏，以維持頭部的正姿。

（3）踏步反射、游水反射、爬行反射

這些是一種原始、無意識的反射動作，因為新生兒中樞神經的發展尚未完全，所以當手腳遇到刺激時，便會出現踏步、游水及爬行等反射動作。

（二）一般動作的發展

兒童一般動作的發展，是以中樞神經系統和肌肉骨骼系統做為基礎，互相協調來加以控制。動作發展的原則如下：（王淑芬，2005）

1.一般原則

（1）首尾原則

從頭到腳的發展，頭部先於軀幹，最後到腳部，例如：從抬頭→抬胸→坐起→站立→行走。

（2）近遠原則

由軀幹到四肢的發展，越靠近心臟的部位越早發展，例如：肩膀與上臂→手腕→手掌→手指；用整隻手抱物→用手掌握物→用手指頭抓物。

（3）統整到分化原則

從整體到特殊的發展，例如全身的、簡單的粗動作（大肌肉）在先，局部的、複雜的細動作（小肌肉）在後。

2.葛塞爾（Gesell）的五大原則

以個體成熟程度做為基準，決定動作發展的歷程與狀態：

（1）個別化成熟原則

受到遺傳基因影響，每個人各有不同的動作技能之天賦。

（2）發展方向原則

符合頭尾原則與近遠原則的方向。

（3）自我調整原則

因應身體生物時鐘或環境的變化而調整發展步調，例如生長在蠻荒的土著嬰兒，8個月就會用手抓食。

（4）相互交織原則

動作發展不斷的分化、統整、再分化、再統整，呈螺旋狀的交織方式。例如：抓握反射→抓握能力→扶住物品學習站立→行走。

（5）功能不對稱原則

因為左右腦功能不同，使動作發展呈現左右不對稱現象。

（三）兒童的動作發展

從2個月到9歲的動作發展情形，見表2。

表2 兒童動作發展進程表

時　間	動　作
2個月	用前臂支撐抬胸。
3個月	仰臥時被拉至坐姿，常有頭部後仰而無法與軀幹呈一直線的現象。
4個月	俯臥時能用手掌支撐抬胸。
5個月	翻身。
5～6個月	雙手握住奶瓶。
6個月	1.能自行坐在地板上，不需雙手支撐並維持數秒鐘。 2.有明顯咀嚼的動作，可雙手握物，自行食用餅乾。
7個月	獨坐。
8個月	爬行。
9個月	站立。
10個月	1.能拉著物體（如桌椅）。 2.會搖手再見及拍拍手。
12個月	1.開始模仿說話，能開口叫爸爸、媽媽。 2.行走。
14個月	1.能開始有意識的叫爸爸、媽媽。 2.能穩健的走路。
15個月	上樓梯。
16個月	可自行進食，拿起杯子飲用並放下來。
1～1.5歲	獨立行走。
18個月	1.開始進行如廁訓練。 2.不需輔助就能抓著欄杆上下樓梯。
20個月	能使用杯子喝水。

（續下頁）

時 間	動 作
2歲	1.能脫下衣服。 2.能正確指認自己身體的部位。 3.能爬樓梯、開門，但不會單腳站立。
3.5歲	能在別人指導下自己穿衣服。
5～6歲	1.能在大人指導下穿衣服。 2.能交替雙腳下樓。
6歲	能輕巧的跳躍。
7歲	1.能做單足平衡。 2.做走2吋寬的平衡木。 3.能單足或雙足精確的跳進一個小方塊區。
8歲	1.有12磅重的握力。 2.能投擲一個小球20呎。
9歲	1.男童每秒可跑16.5呎。 2.男童能投擲一個小球70呎。

資料來源：修訂自王淑芬（2005）、黃天、邱妍祥、谷芊（2005）。

（四）粗動作與精細動作的發展

嬰幼兒時期，粗動作與精細動作發展，說明如下（見表3）：（王淑芬，2005）

1.粗動作發展

（1）運用大肌肉系統（含四肢及軀幹）的動作。

（2）包括跑步、跳躍、投擲與平衡感。

（3）通常在3歲發展完成。

2.精細動作發展

（1）運用小肌肉的動作，含視覺與手部間的協調能力，及手指與手腕間的控制能力。

（2）包括開關門、串珠子、翻書、剪紙、摺紙、扣鈕扣、繫鞋帶、使用鉛筆或蠟筆、建塔、畫畫等。

（3）通常到6歲發展完成。

表3　粗動作與精細動作發展進程表

時　　間	粗動作發展	時　　間	精細動作發展
37～42個月	1.丟接小球，可丟10呎遠。 2.能走直線。 3.雙腳從16公分高的箱子跳下。 4.單腳跳躍4～6步。 5.騎三輪車。 6.單腳站立5秒。	37～48個月	1.慣用一手。 2.模仿畫十字、四方形及X。 3.會蓋、開小罐子
43～48個月	1.丟接大球。 2.舉手過肩投球。 3.能走圓圈。 4.單腳跳4～6步。 5.能手扶著扶梯，交換腳步下樓。 6.從71公分高的箱子跳下，且一腳在先，一腳在後。 7.原地單腳跳。	49～60個月	1.用剪刀剪直線。 2.將0.3公分的小球放入瓶中。 3.能完成扣上及解開鈕扣的動作。 4.能剪簡單的圖形。 5.用6個方塊建金字塔。
49～54個月	1.丟接大球。 2.跳遠、跳高。 3.交替腳步上、下入階（30公分）樓梯。 4.有技巧的快跑及跑步。 5.從事簡單的技藝活動、鞦韆遊戲及體操。 6.用單腳站立8～10秒。 7.用單腳向前跳7～9步。	61～72個月	1.連點。 2.模仿畫三角形。 3.手指相碰。 4.繫鞋帶。 5.造樣寫自己的名字、簡單的字。 6.跟著摺紙。
55～60個月	1.頗佳的丟球技術。 2.頗佳的走路姿勢，雙臂及雙腳擺動自如。 3.用單腳跳10～12步。 4.交替腳跳躍得很好。 5.雙腳跳在5秒內可跳7～8次。 6.跳遠48～61公分。	73個月以上	1.會寫自己的名字。 2.會畫「口」，但還不太好。 3.會用繩索打結。 4.會扣及解扣子。 5.能畫身體六個部分。 6.自己會寫一些字。 7.會寫1～5的數字。 8.會畫三角形。

（續下頁）

時　間	粗動作發展	時　間	精細動作發展
61～72個月	1.用腳尖走路。 2.側身走10公分寬木板。 3.舉手過肩投球。 4.跳欄25～28公分。 5.跳遠76～89公分。		

資料來源：修訂自王淑芬（2005）。

二、動作發展的影響因素

　　兒童動作發展的影響因素，說明如下：（王淑芬，2005）

（一）兒童內在因素

　　1.性別：肌肉控制、骨骼發展及動作發展上，女童比男童來得早。

　　2.智力：智力高的兒童發展為佳。

　　3.健康狀況：身體健康的兒童發展較佳。

　　4.抱負水準：是指個人在從事某件工作前，主觀評估自己能達到的成
　　　就目標，有適當抱負水準的兒童發展較佳。

（二）環境外在因素

　　1.活動空間：寬敞安全的空間，有利於兒童的動作發展。

　　2.學習器材：安全多變化的遊樂器材，有利於兒童的動作發展。

　　3.管教態度：父母嚴格要求或過度保護，會使兒童害怕而影響動作發
　　　展。

　　4.指導練習：可加速及精熟兒童的動作發展。

　　5.同伴影響：透過相互模仿及合作，使兒童在活動中快樂學習。

第三節　身體與動作發展的輔導策略

一、身體發展的輔導

　　兒童身體發展的一般輔導策略，說明如下，不同時間階段的輔導重點見表4：（吳美姝、陳英進，2000）

　　（一）提供均衡的營養需求。

　　（二）供給舒適溫暖的衣著。

　　（三）有充足的休息和睡眠。

　　（四）注意預防疾病，定期接種疫苗。

　　（五）動作技能訓練應配合嬰幼兒的骨骼成熟度，勿過早學坐、站、
　　　　　走路，以避免骨骼變形。

　　（六）可適當的體能訓練，促進肌肉協調。

　　（七）避免兒童的意外傷害，注重安全。

　　（八）注意兒童肥胖、近視及健康問題。

表4　兒童身體發展的輔導重點

時　　間	輔導重點
0～1個月	1.注意補充鐵質及提供均衡營養。 2.動作技能訓練應配合嬰兒的骨骼成熟度，勿過早學坐、站、走路。 3.應避免做劇烈的運動。
2～5個月	1.應定期帶嬰兒至醫院或衛生所施打疫苗。 2.視力的輔導，可適當提供視覺刺激源，可布置懸吊玩具或更換睡床方向。 3.注意環境安全，避免跌跤或摔倒。

（續下頁）

時　間	輔導重點
6～7個月	1.應定期帶嬰兒至醫院或衛生所施打疫苗。 2.視力的輔導，和嬰兒玩捉迷藏和滾球遊戲，訓練視覺注意力。 3.牙齒的輔導，減少糖類和澱粉類食物的攝取，睡前清潔口腔，改正吸吮嘴唇或咬指甲的不良口腔習慣，添加副食品以訓練口腔肌肉。
9個月～1歲	1.應定期帶嬰兒至醫院或衛生所施打疫苗。 2.視力的輔導，利用圖畫書教嬰兒認識生活事物，一邊說話一邊指出物品名稱。 3.提供固體或半固體食物，讓嬰兒練習吞嚥的動作。 4.1歲左右可安排接受牙科醫師檢查。
1.6歲～2歲	1.應定期帶幼兒至醫院或衛生所施打疫苗。 2.考慮讓幼兒用杯子喝牛奶。 3.可開始幫幼兒刷牙。 4.視力的輔導，可玩「找線索、猜猜看」的遊戲，多看遠處的景物。
3歲	1.應定期帶幼兒至醫院或衛生所施打疫苗。 2.教導幼兒自己刷牙。 3.視力的輔導，多讓幼兒翻看圖畫書，提供多樣化的玩具。
4歲	1.幼兒自己刷牙後，幫他用牙線再清潔。 2.視力的輔導，注意正確的姿勢、光線與閱讀習慣。 3.教導幼兒看視力檢查表。
5～6歲	1.視力的輔導，減少看電視的時間。 2.多從事戶外活動。 3.不要太早認字、寫字，以免損傷眼力。
6～12歲	1.應定期帶兒童到醫院做身體檢查。 2.注重營養及均衡的飲食，並適度運動。 3.有充足的睡眠和休息。 4.避免兒童的意外傷害，注重安全。 5.視力保健、適當的休閒及壓力調適。

資料來源：修訂自吳美姝、陳英進（2000）、黃天、邱妍祥、谷芊（2005）。

二、動作發展的輔導

　　嬰幼兒時期，動作發展的一般輔導策略，說明如下，不同時間階段的

輔導重點見表5：（吳美姝、陳英進，2000）

（一）注重嬰幼兒的健康情形。

（二）學習動作技能要掌握適當的學習時機。

（三）一些生活技能，多提供實作與練習機會，以養成良好習慣。

（四）提供幼兒活動的教具與器材。

（五）成人提供正確示範與指導。

（六）激發幼兒好奇心及學習動作技能的興趣。

（七）左利（左撇子）傾向約在6歲左右定型，造成原因一是「教養習慣」，一是「遺傳」。矯正原則：幼兒智力需至少在中等以上，本身有改變意願，越早越好、循序漸進，如無法矯正，可藉玩具讓左右交互使用，以獲得均衡發展。

表5　嬰幼兒動作發展的輔導重點

時　間	輔導重點
0～1個月	每天利用半小時讓嬰兒俯臥數次，以利學習頭部控制。
2～3個月	1.提供各式各樣的玩具，讓嬰兒觸摸感覺。 2.引導嬰兒練習用雙腿的力氣支撐身體的重量，以利站立及行走的發展。
4～5個月	1.讓嬰兒仰臥，在他的雙腳施加壓力，使他的雙腳使勁伸直，以利行走動作的發展。 2.提供各種玩具讓嬰兒敲打和拉動，以利手取物的動作發展。
6～9個月	1.加強頸部、背部、手臂及胸部的肌肉訓練。 2.提供一些可以摔的安全玩具，以利手肌肉的發展。 3.在嬰兒床上架設可踢腳的小物品，以利抬腳的動作發展。 4.可放置讓嬰兒扶持站立的架子或家具。 5.爬行輔導。
10～11個月	1.可讓嬰兒手扶著滾筒，手臂及腿伸直，隨著滾筒移動。 2.學走的輔導，扶住嬰兒的腰或臀，使他的雙腳平放在地上，讓他的上身向前傾，並練習由一邊轉向另一邊。
12～13個月	1.可提供有開口的瓶子，讓嬰兒練習拿取如彈珠大小的物品，然後放入瓶子。

（續下頁）

時　間	輔導重點
14個月～2歲	1.提供小皮球，幼兒在擲球和撿球動作中達到手腳肌肉的發展。 2.當幼兒開始伸手抓東西，可養成使用右手習慣，若發現有左利（左撇子）傾向，最好增加使用右手的機會。 3.運用一些道具來輔助幼兒學走，包括向前、向後、繞圓圈。
3歲～4歲	1.會嘗試自己洗澡，對於不喜歡被強迫洗澡的幼兒，可以運用一些道具（如杓子、海綿）來吸引注意力。 2.開始訓練幼兒扣鈕釦、解鈕釦。
5歲～6歲	讓幼兒經常玩一些手和腕的遊戲，以利使用筷子的動作發展。

資料來源：修訂自吳美姝、陳英進（2000）。

作者的叮嚀

1.身高的發展：出生後第1年，身高的增長速率最快；1歲時，身高約為出生時的1.5倍。

2.體重的發展：出生後第1年，體重增加的速率最快；1歲時，體重約為出生時的3倍。

3.牙齒的發展：乳牙有20顆，約在5、6歲開始掉落，之後長出第一顆恆齒，恆齒有32顆。

4.兒童的身體發展速率：扁桃腺、胸腺及淋巴腺等分泌組織，在4～6歲發展最快；腦、脊髓及周邊神經系統在3歲以前發展最快；骨骼發展在1～2歲急速上升；大肌肉在3歲左右成熟，小肌肉約至6歲左右成熟。

5.兒童身體發展的影響因素：（1）遺傳因素；（2）環境因素；（3）養育方式。

6.反射動作的發展：（1）洋娃娃眼睛反射；（2）頸強直反射；（3）踏步反射；（4）達爾文反射；（5）莫洛反射；（6）巴賓斯基反射；（7）吸吮反射；（8）探索反射；（9）降落傘反射；（10）正姿反射。

7.莫洛反射：當新生兒突然受到刺激會瞬間失去平衡，然後會立刻伸出雙腿雙手，手指頭用力張開，好像想抓住東西一樣，約3～5個月後消失。

8.兒童一般動作的發展原則：（1）首尾原則（從頭到腳）；（2）近遠原則（由軀幹到四肢）；（3）統整到分化原則（從整體到特殊）。

9.粗動作發展：運用大肌肉（含四肢及軀幹）的動作，例如跑步、跳躍、投擲與平衡感，3歲左右發展完成。

10.精細動作發展：運用小肌肉的動作，例如開關門、串珠子、翻書、剪紙、摺紙、扣鈕扣、繫鞋帶、使用鉛筆或蠟筆、建塔、畫畫等，6歲左右發展完成。

11.動作發展的影響因素：（1）兒童內在因素，包括性別、智力、健康狀況、抱負水準等；（2）環境外在因素，包括活動空間、學習器材、管教態度、指導練習、同伴影響等。

12.身體發展的輔導策略：（1）均衡的營養；（2）舒適的衣著；（3）充足休息和睡眠；（4）預防疾病；（5）動作訓練要配合骨骼成熟度；（6）適當的體能訓練；（7）避免意外傷害；（8）注意肥胖和近視問題。

13.動作發展的輔導策略：（1）注重身體健康；（2）掌握關鍵時機；（3）提供實作練習機會；（4）提供活動器材；（5）正確示範指導；（6）激發好奇心。

14.左利（左撇子）傾向約在6歲左右定型，矯正方式：（1）幼兒智力至少在中等以上，本身有改變意願；（2）越早越好、循序漸進；（3）可藉由玩具左右交互使用，獲得均衡發展。

自我測驗

一、選擇題

( ) 1.關於幼兒不宜過早寫字的原因，下列哪一項是錯誤的？ **(B)**
(A)容易造成寫字姿勢不良　(B)大肌肉的發展尚未健全
(C)容易因為寫不好而造成挫折　(D)筆順容易錯誤。

( ) 2.幼兒身體動作能力的發展有一定的順序，下列敘述何者正 **(B)**
確？ (A)平臥→坐起→翻身→爬行→站立→行走　(B)平
臥→翻身→坐起→爬行→站立→行走　(C)平臥→坐起→爬
行→翻身→站立→行走　(D)平臥→爬行→坐起→翻身→站
立→行走。

( ) 3.下列幼兒動作發展，何種動作最晚出現？ (A)下樓梯 **(A)**
(B)上樓梯　(C)行走　(D)踏步。

( ) 4.關於嬰幼兒動作發展的敘述，下列何者正確？ (A)由局部 **(D)**
的特殊活動發展到整體的全身性活動　(B)新生兒的反射動
作是個體最早學習到的身體活動　(C)新生兒所有的反射動
作都會持續到3歲以後　(D)幼兒手指動作發展順序，是會
使用剪刀先於會繫鞋帶。

( ) 5.關於嬰幼兒動作發展的敘述，下列何者正確？ (A)嬰兒平 **(A)**
均在7～8個月時可以單獨坐起　(B)平均1～2個月的嬰兒，
頭部控制良好　(C)平均10個月大的嬰兒，才會用腹部著地
爬行　(D)幼兒先學會下樓梯，才會上樓梯。

( ) 6.出生後的嬰兒，先學會控制頭部，然後坐起，週歲後學會 **(A)**
走路，請問這是遵循下列何項發展原則來進行的？ (A)
頭尾原則　(B)近遠原則　(C)統整到分化原則　(D)對稱原
則。

（　　）7.嬰幼兒最初拿筷子是用握的方式，然後會用拇指、食指和中指，這符合下列何項發展原則？　(A)由頭到尾　(B)由中心到邊緣　(C)由簡單到複雜　(D)由統整到分化。　**(C)**

（　　）8.有關幼兒肌肉發展的敘述，下列何者不正確？　(A)大肌肉發展在3歲左右成熟　(B)小肌肉發展在6歲以後漸趨成熟　(C)大肌肉發展是小肌肉發展的基礎　(D)幼兒期以小肌肉發展為主，大肌肉發展為輔。　**(D)**

（　　）9.6歲前幼兒身體各部位的發展，下列何者最快速？　(A)淋巴腺　(B)腦、脊髓與周緣神經系統　(C)身高和體重　(D)生殖器官。　**(B)**

（　　）10.下列對於幼兒大小便訓練的說明，何者正確？　(A)大便訓練比小便訓練晚且慢　(B)幼兒控制小便比控制大便容易　(C)男幼兒比女幼兒在小便訓練上的進步較慢　(D)越早嚴格訓練，越能及早建立幼兒對排便的控制力、自信心及安全感。　**(C)**

二、問答題

1. 請說明幼兒爬樓梯動作的發展情形。
2. 請說明兒童一般動作發展遵循的原則。
3. 請說明訓練幼兒大小便應注意哪些事項。
4. 左利（左撇子）傾向造成的原因為何？矯正時應注意哪些原則。
5. 何謂莫洛反射？何謂達爾文反射？

歷屆考題精選

一、選擇題

( ) 1.下列關於身體發展的敘述，何者正確？①新生兒的腦重量增長速度先快後慢；②心臟重量占體重的比例逐漸下降；③骨骼中礦物質所占的比率逐漸增加；④骨化始於胎兒期終於青春期　(A)①②④　(B)①②③　(C)②③④　(D)①③④。　【2000年四技二專入學考】　**(B)**

( ) 2.下列關於嬰幼兒動作發展的敘述，何者正確？　(A)新生兒所有反射動作都會持續到1歲後消失　(B)動作發展的順序是爬、坐、站、走　(C)由局部的特殊活動發展到整體的全身活動　(D)具有個別差異，也有性別差異。　【2000年四技二專入學考】　**(D)**

( ) 3.下列關於新生兒動作發展的描述，何者正確？　(A)達爾文反射動作又稱驚嚇反射動作，此能力在出生2個月左右消失　(B)行走反射動作是扶住嬰兒腋下，使光腳觸碰平地，嬰兒會做出像是良好走路的動作，此反射動作出生6個月後消失　(C)摩羅反射又稱握抓反射作用，此動作將於出聲8個月後消失　(D)游泳反射指將新生兒臉向下放於水中，他會自動閉氣，做出良好的游泳動作，此反射動作於出生6個月後消失。　【2000年四技二專入學考】　**(D)**

( ) 4.有關1歲6個月幼兒動作發展的敘述，下列何者正確？　(A)可獨自站立　(B)能畫出完整的臉譜圖形　(C)跳繩　(D)可靈活地運用剪刀剪出三角形。　【2002年四技二專入學考】　**(A)**

( ) 5.我國幼兒，按照動作正常發展的順序，下列行為何者最早出現？　(A)仿畫幾何圖形　(B)會使用湯匙進食　(C)扣鈕釦　(D)會使用筷子夾食物。　【2002年四技二專入學考】　**(B)**

（　）6.根據薛來（M. Shirley）對出生至15個月嬰兒的動作發展之 **(C)**
　　　研究，下列何者是嬰兒動作發展的順序？　(A)上肢→頸→
　　　頭→腰→腿　(B)頸→上肢→頭→腰→腿　(C)頭→頸→上
　　　肢→腰→腿　(D)腰→頭→頸→上肢→腿。

【2003年四技二專入學考】

（　）7.有關一般嬰幼兒動作發展順序，下列何者正確？　(A)坐→ **(B)**
　　　翻轉→爬→站→走　(B)翻轉→坐→爬→站→走　(C)爬→
　　　翻轉→坐→站→走　(D)坐→爬→翻轉→站→走。

【2004年四技二專入學考】

（　）8.神經元（neuron）是負責人類腦神經傳導的細胞，下列何 **(A)**
　　　者是腦細胞成長發育的重要工作？　(A)髓鞘化　(B)腦側
　　　化　(C)細胞減除　(D)細胞分化。　【2006年教師檢定考】

（　）9.王先生有色盲，他的太太完全正常。他們所生下的孩子當 **(C)**
　　　中，出現色盲的機率是多少？　(A)兒子的機率是0%　(B)
　　　兒子的機率是50%　(C)女兒的機率是50%　(D)女兒的機率
　　　是25%。　　　　　　　　　　　【2006年教師檢定考】

（　）10.對於神經系統發展的敘述，下列何者錯誤？　(A)大 **(C)**
　　　腦具側化性（laterization）　(B)腦神經細胞具可塑性
　　　（plasticity）　(C)神經系統自個體出生後開始發展　(D)
　　　髓鞘化的發展為神經功能成熟的指標。

【2007年教師檢定考】

（　）11.李老師是小學一年級的級任導師，她發現班上有兩位同學 **(D)**
　　　慣用左手拿筆和拿筷子。造成左利者的最可能原因是下列
　　　哪一項？　(A)模仿大人行為　(B)習慣化的結果　(C)缺
　　　乏正確教導　(D)大腦側化。　　【2008年教師檢定考】

（　）12.10歲的小智腦中的海馬迴（hippocampus）嚴重受損， **(A)**

他最可能出現的是下列哪一項問題？　(A)無法記憶新訊息　(B)身體動作不協調　(C)無法控制情緒　(D)喪失食慾。
【2008年教師檢定考】

（　）13.有關大腦額葉的敘述何者正確？　(A)額葉成熟與人的年紀並無明顯相關　(B)約在兒童時期，額葉的發展已達成熟　(C)額葉是大腦的總裁，可協調各部位活動　(D)神經通路髓鞘會減慢神經訊號的傳導速度。　**(C)**

【2008年教師檢定考】

（　）14.小學三年級的小智罹患了血友病（Hemophilia），這種病是一種性聯遺傳（sex-linked Transmission）。請問下列敘述何者正確？　(A)此種疾病的基因只存在Y染色體中　(B)女性比男性更容易罹患此種疾病　(C)小智的下一代一定也會罹患此種疾病　(D)女性比男性更可能是隱性基因帶原者。　**(D)**

【2009年教師檢定考】

（　）15.下列針對國小兒童腦部發展的描述，何者不正確？　(A)腦部造影研究顯示，兒童的腦部與成人的腦部組織不同　(B)遭受忽視或虐待的兒童，可能對其腦部發展造成嚴重影響　(C)腦部曾歷經創傷的兒童，若在充滿關愛與支持的環境中成長，其創傷效應會減輕　(D)這個年齡的兒童如果發生腦部病變傷及語言區，其日後語言的發展會有永久喪失的可能。　**(D)**

【2009年教師檢定考】

（　）16.注意力缺陷過動症（ADHD）的孩子有越來越多的趨勢，許多醫師都會讓兒童服用藥名稱為利他能（ritalin）的藥物。下列有關利他能藥物的敘述何者正確？　(A)服用此藥物不會有副作用產生　(B)其藥理性質屬於中樞神經興奮劑　(C)對於所有罹患ADHD的個案都可以產生效果　**(B)**

(D)只要遵照醫生囑咐確實服用，可以有效治好ADHD。

【2009年教師檢定考】

（　　）17.下列有關兒童生理發展的敘述，何者較為正確？　(A)兒 **(C)**
童12歲時，其臉部的成長約完成90%，頭顱的大小增加很
少　(B)兒童12歲時，腦部發育已達成年的65%，大腦皮
質腦溝發展減緩　(C)至兒童中期，其動作協調性差，較
無法從事精細、複雜的身體活動　(D)學齡兒童中，男孩
的身高比女孩高，肌肉細胞數目少，較強壯有力。

【2009年教師檢定考】

（　　）18.小芬因為期末考快到了而經常失眠。媽媽了解情況後，便 **(D)**
告訴小芬要調適心情，放鬆身體。此時小芬需要依賴哪一
種系統下達指令，以達到前述目的？　(A)運動神經系統
(B)感覺神經系統　(C)交感神經系統　(D)副交感神經系
統。　　　　　　　　　　　　　　　【2010年教師檢定考】

二、問答題【解答請見附錄】

1. 什麼是感覺統合？會有哪些可能的症狀？對幼兒可能的影響是什麼？身
為老師，發現班上孩子似乎有出現感覺統合失調的症狀，該如何處理？

【2010年原住民三等特考】

2. 你要孩子去上廁所，結果有一個小朋友寧願尿濕褲子，堅持不去上廁
所，此時，你會採取什麼方法來解決此一問題呢？

【2010年原住民四等特考】

Chapter **3**

認知的發展與輔導

第一節　認知發展的定義與理論

一、認知的定義與基本結構

認知的定義與基本結構，說明如下：（黃志成、王淑芬，1995）

（一）認知（cognition）

是指人類如何獲取知識的歷程；兒童如何從簡單的思想活動，逐漸複雜再到分化的過程。

（二）認知的基本結構

1.基模（scheme）

它是人類吸收知識的基本架構；幼兒與其所處的環境接觸時，會發展初期認識外在環境的基本模式，稱為基模。例如「感覺基模」，透過觸碰而學得火是熱的，其他還有「抓取基模」、「吸吮基模」等。

2.同化（assimilation）

是指當幼兒碰到一個新的事物，他會用自己既有的認知結構去認識這個事物。例如：兒童看到小花貓，學到貓的基模，日後看到波斯貓也會稱牠為貓。

3.調適（accommodation）

是指當新事物與幼兒原有的認知結構不相容時，幼兒必須改變原有的認知結構，來適應或學習外在環境事物。例如：原本幼兒可以用單手拿取乒乓球，當他發現拿的是一顆排球時，他會改用雙手拿取這顆排球。

4.適應（adaptation）

是指同化與調適取得平衡的歷程。人類認知的發展，就是因為基模、

適應與平衡三個因素交互作用的歷程。

二、皮亞傑的認知發展理論

皮亞傑（Piaget）的認知發展理論，說明如下：（張欣戊、林淑玲、李明芝譯，2010；張春興，2008）

（一）觀點

強調內在的認知過程，兒童是主動積極適應環境的個體。

（二）四個階段

不同階段產生不同的認知能力，認知發展是連續性、順序性的，特徵說明如下，詳見表6：

1.感覺動作期

（1）會出現反射動作。

（2）靠吸吮與抓取來探索世界。

（3）約4個月時開始發展「物體恆存概念」，8～12個月完成此概念的發展。物體恆存概念，是指當著嬰幼兒的面將物體藏起來，他知道這個物體仍然存在。例如皮球在他的眼前滾到床底下消失了，他會主動去尋找。

2.前運思期

（1）會出現自我中心現象，不會替他人著想。

（2）會出現知覺集中現象，思考時一次只能集中於一種屬性，例如：只看到物體的顏色、或形狀、或大小，而忽略其他特徵。

（3）無法注意到物體的轉換過程，例如：將等量的兩團黏土中的一團改變形狀，幼兒只注意到頭與尾的轉變，於是認為此兩團黏土已不相等。

3.具體運思期

（1）具體邏輯推理，兒童能使用具體的經驗或事物進行邏輯思考。

（2）多重思考，思考時能同時考慮事物的不同屬性。

（3）具有對稱與不對稱的概念。

（4）具有加法性及減法性的觀念。

（5）去自我中心現象，能站在他人的觀點來思考問題。

（6）具有保留概念（conservation），兒童在面對物體的轉換過程時（例如：物體形狀、位置、方向改變時），能了解該物體的若干特性（例如：大小、長度、數量等）仍維持不變。例如教導兒童A＞B＞C，兒童可以推理C＜A。或例如詢問小明：「你有沒有哥哥？」他回答有，那麼再問：「你的哥哥有沒有弟弟？」他可以回答有。保留概念的類別與發展順序，詳見表7。

（7）具分類能力：兒童會將物品加以排序和分類。

4.形式運思期

（1）已能運用符號進行抽象思考。

（2）能使用純形式、邏輯方式去推理。

（三）貢獻

1.確認兒童的心智具內發性和主動性（能主動求知）。

2.確認兒童的認知發展具階段性。

（四）批評

1.只重知識認知（知識建構），忽略「社會」行為（社會建構，與他人互動）。

2.認知發展階段說，容易產生限制。因為每個兒童成長階段應各不相同，有的兒童雖只有0～2歲，卻可能早已進入前運思期，而有的雖11歲以上，卻可能還在具體運思期。

表6 皮亞傑認知發展四個階段

階 段	年 齡	時 期	認知發展	特 徵
一	0～2歲	嬰兒期	感覺動作期	1.會出現反射動作。 2.靠吸吮與抓取來探索世界。 3.開始發展「物體恆存概念」。
二	2～7歲	幼兒期	前運思期	1.會出現自我中心現象。 2.會出現知覺集中現象。 3.無法注意到轉換的過程。
三	7～11歲	兒童期	具體運思期	1.會具體邏輯推理。 2.會多重思考。 3.具有對稱與不對稱的概念。 4.具有加法性及減法性的觀念。 5.去自我中心現象。 6.具有保留概念。 7.具有排序和分類能力。
四	11歲～	青少年期	形式運思期	會抽象思考和假設驗證。

資料來源：本書自行整理。

表7 保留概念的類別與發展順序

順 序	類 別	意 義	發展年齡
一	數量保留	兒童對數量的多少，不受空間距離或排列方式的改變而增減的認知能力。	7歲
二	質量保留	兒童對物質的量，不受容器形狀的變換而增減的認知能力。	7～8歲
三	長度保留	兒童對物體的長度，不論其位置如何改變，其長度恆常不變的認知能力。	8歲
四	重量保留	兒童對物體的重量，不會因物體外形改變而增減的認知能力。	9～10歲
五	序列保留	兒童會將物體按大小、長短或輕重的不同，依序排列的認知能力。	10歲以上

資料來源：修訂自王淑芬（2005）。

三、布魯納的認知發展理論

布魯納（Bruner）的認知發展理論，說明如下，皮亞傑與布魯納的理論比較見表8：（張春興，2008）

（一）觀點

他強調「表徵概念」，分為三種認知模式：動作表徵、影像表徵及符號表徵，這個表徵系統是依序發展且平行並存的；也就是說，後一階段的認知模式發展出來後，前一階段仍繼續發生作用。

（二）三種認知模式

1.動作表徵期

約6個月～2歲的嬰幼兒，藉由動作來認識周遭環境並獲得經驗，相當於皮亞傑的感覺動作期。

2.影像表徵期

約2～3歲以後，幼兒能運用視覺和聽覺去了解周遭事物，相當於皮亞傑的前運思期與具體運思期。

3.符號表徵期

兒童思考已趨成熟，能使用文字、數字、圖形等符號來代表所經驗的事物和環境，相當於皮亞傑的形式運思期。

（三）教學理論

他主張「發現教學法」，教學原則包括：動機原則、結構原則、順序原則與增修原則。

表8　皮亞傑與布魯納的理論比較

相同點	相異點	
	皮亞傑	布魯納
認知發展是個體與環境交互作用的結果。	用年齡來區分認知發展階段,各階段明確劃分,有上下階層的關係。	認知發展未必受年齡的絕對限制,且各階段是互相平行並存的。
發展階段有一定的順序。	認知發展的影響因素在於成熟(年齡)。	認知發展的影響因素兼重成熟與學習。
認知發展是量的改變,也是質的增加。	忽略心像對認知的影響。	重視心像對認知的影響。
	認知發展不能藉由學習來促進。	學習可促進符號表徵期的提早來臨(加速學習)。

資料來源:本書自行整理。

四、維高斯基的社會認知發展理論

　　維高斯基(Vygotsky)的認知發展理論,說明如下,皮亞傑與維高斯基的理論比較見表9:(張春興,2008)

(一)觀點

1.他認為兒童的認知是在社會文化當中(與他人互動分享)學習獲得的,由「社會—環境—文化」的觀點來解釋兒童的認知發展過程。
2.強調教育過程中,成人引導與同儕合作關係的重要性,這是一種雙向的互動關係,也與社會文化環境有密切相關。

(二)理論重點

1.語言溝通

(1)語言是社會互動與人際溝通的重要工具,也是思考的工具。

表9　皮亞傑與維高斯基的理論比較

皮亞傑	維高斯基
認知發展具有泛文化的普遍性。	認知發展會因社會文化而有差異。
認知發展是兒童獨自探索和建構知識的過程。	認知發展是兒童與社會互動、共同建構知識的過程。

資料來源：修訂自張欣戊、林淑玲、李明芝譯（2010）。

（2）「自我語言」（類似自言自語）可調和思維與行為，自己告訴自己該如何想、該怎麼做，可幫助幼兒認知發展。

2.可能發展區（Zone of Proximal Development, ZPD）

（1）實際的發展水平：個體能獨立解決問題的層次。

（2）潛在的發展水平：在成人引導下或與能力較佳的同儕合作，所展現的能力層次。

（3）可能發展區是「實際的發展水平」與「潛在的發展水平」之間的差距。

3.鷹架行為

幼兒的學習就像建築物，社會環境需要提供必要的鷹架（scaffolding）或支援系統，例如溫暖與回應、合作氛圍等。

第二節　認知發展的影響因素

認知發展的影響因素，主要有兩方面，說明如下：（黃天、谷芊、邱妍祥，2005；黃志成、王淑芬，1995；蔡春美、翁麗芳、洪福財，2001；盧素碧，1989）

一、個人內在因素

（一）年齡

兒童的認知能力會隨著個體年齡的增長而逐漸發展，例如皮亞傑將兒童的認知發展依年齡區分為四個階段。

（二）成熟

個體會依循遺傳基因而自然生長發展，例如：嬰兒中樞神經系統發展成熟，才能學會走路，嬰兒的發音器官及聽覺器官功能成熟才會說話。例如美國心理學家葛塞爾（Gesell）認為，遺傳生理因素是直接影響認知發展的主因。

（三）經驗

父母及教師提供豐富的學習環境，讓兒童實際操作體驗，會影響兒童認知能力的發展，例如：兒童從操作中發現事物的物理特性（顏色、形狀、軟硬、輕重、大小等），或是獲得邏輯和數學概念（高低、大小等）。

二、社會外在因素

（一）家庭地位

家庭社會經濟地位的差異，代表能供給兒童物質及文化環境的充實程度不同，若是兒童早年的生活經驗貧乏，會影響認知能力的發展；相對的，高社經地位的家庭可以提供較多的環境刺激，有利於兒童的認知發展。

（二）文化差異

生長在不同文化地區的兒童，接受的文化刺激不同，會影響兒童認知能力的發展。

（三）學科結構

布魯納在《教育的歷程》一書提出，「任何學科的基本原理，都可以用某種形式教給任何年齡的學生」，其教學觀點：先考慮兒童的認知發展水準，再幫助學生掌握學科的基本結構。

第三節　認知發展的輔導策略

認知發展的輔導策略，說明如下：（吳美姝、陳英進，2001；黃天、谷芊、邱妍祥，2005）

一、激發兒童的興趣

父母與教師可利用周遭事物，去引發兒童觀察、探索的好奇心及興趣。

二、尊重兒童的想法

兒童的思考模式與成人不同，父母與教師應了解兒童的能力程度，並尊重個別差異的想法。

三、提供安全的環境

父母與教師應多提供安全合宜的環境，讓兒童能夠自由探索、操作及遊戲。

四、鼓勵嘗試的態度

父母與教師應培養兒童嘗試新事物的興趣及解決問題的能力，也要給予適當的鼓勵。

五、提供材料和設備

提供適合兒童身心發展的操作材料和遊戲設備（例如黏土、積木、拼圖，可撕、剪、拼、組合的材料等），以增進大小肌肉和手眼協調的發展，培養創造思考的能力。

六、成人的語言溝通

父母與教師應多多利用各種機會和兒童說話，以增進認知及語言的發展。

七、親子及師生關係

父母與教師的教養方式和管教態度，宜採取民主開明方式，有利於兒童認知發展。

八、同儕的互動關係

提供讓兒童與同儕共同遊戲和活動的機會，幫助兒童了解人際關係，消除自我中心。

作者的叮嚀

1.認知：人類如何獲取知識的歷程。

2.基模：人類吸收知識的基本架構，例如感覺基模、抓取基模、吸吮基模等。

3.同化：當幼兒碰到一個新的事物，會用既有的認知結構去認識這個事物。

4.調適：當新事物與幼兒原有的認知結構不相容時，必須改變原有的認知結構，來適應或學習外在環境事物。

5.皮亞傑認知發展理論的四個階段：（1）感覺動作期；（2）前運思期；（3）具體運思期；（4）形式運思期。

6.物體恆存概念：當著嬰幼兒的面將物體藏起來，他知道這個物體仍然存在，約4個月開始發展，8～12個月完成此概念的發展。

7.知覺集中現象：出現在前運思期的認知階段，幼兒思考時一次只能集中於一種屬性（例如物體的顏色、形狀、大小或長短等），而忽略其他特徵。

8.兒童在具體運思期的認知特徵：（1）具體邏輯推理；（2）多元屬性的思考；（3）對稱的概念；（4）加法與減法的概念；（5）去自我中心；（6）保留概念；（7）排序與分類能力。

9.保留概念：又稱守恆概念，兒童已能了解物體形狀、位置、方向經過改變後，物體的若干特性或本質（例如大小、長度、數量等）仍維持不變。

10. 布魯納認知發展理論的三種認知模式：（1）動作表徵期；（2）影像表徵期；（3）符號表徵期。

11. 維高斯基的社會認知發展理論：（1）強調兒童認知發展是在「社會—環境—文化」當中習得的；（2）重視成人引導與同儕合作關係的重要性。

12. 可能發展區（ZPD）：自己實力所能達到的水平（實際的發展水平），與經由他人協助所可能達到的水平（潛在的發展水平），兩者之間的差距。

13. 鷹架作用：給予兒童必要的協助或支持，以促進兒童認知發展進入「可能發展區」。

14. 皮亞傑與維高斯基理論的差異：前者主張兒童認知發展是獨自探索和主動建構知識的過程；後者主張兒童認知發展是與社會文化互動，與他人共同建構知識的過程。

15. 認知發展的影響因素：（1）個人內在因素，包括年齡、成熟及經驗等；（2）社會外在因素，包括家庭地位、文化差異及學科結構等。

16. 布魯納的教學理論：（1）發現式教學法；（2）任何學科的基本原理，都可以用某種形式教給任何年齡的學生。

17. 認知發展的輔導策略：（1）激發兒童的興趣；（2）尊重兒童的想法；（3）提供安全的環境；（4）鼓勵嘗試的態度；（5）提供材料和設備；（6）成人的語言溝通；（7）親子及師生關係；（8）同儕的互動關係。

自我測驗

一、選擇題

(D) 1.根據皮亞傑的認知發展理論，下列關於3～6歲幼兒認知發展特徵的描述，何者不正確？ (A)認為自己上床睡覺時，星星也去睡覺了 (B)認為洋娃娃掉到地上時，會痛也會哭 (C)認為鉛球比籃球小，所以鉛球的重量比籃球輕 (D)知道將等量的水倒入大小不同的容器，水量是相同的。

(A) 2.下列何者是幼兒在前運思期的思考特徵？ (A)自我中心 (B)理解可逆性 (C)抽象思考 (D)理解成語的意義。

(C) 3.如果你問一個幼兒說：「你有沒有哥哥？」他回答說：「有。」你再問他：「你哥哥有沒有弟弟？」他無法回答。請問這個幼兒尚未具有哪一項思考特徵？ (A)具體概念 (B)自我中心 (C)可逆性 (D)抽象思考。

(A) 4.根據皮亞傑的認知發展理論，幼兒玩扮家家酒的角色扮演遊戲，是屬於哪一種認知作用？ (A)同化 (B)調適 (C)平衡 (D)適應。

(D) 5.一個幼兒能運用感官對事物所得的心像來了解世界，卻不能以文字及圖形來認知事物，請問他處於布魯納認知發展理論的哪一個階段？ (A)動作表徵期 (B)形式表徵期 (C)符號表徵期 (D)影像表徵期。

(B) 6.當大人將東西當著幼兒的面藏在枕頭下面，幼兒卻不會想到從枕頭下面找到東西，請問這個幼兒尚未具有哪一項思考特徵？ (A)自我中心 (B)物體恆存 (C)可逆性 (D)抽象思考。

(　　) 7. 根據維高斯基的觀點，他認為下列何者是協助人類認知發展的重要因素？ (A)語言 (B)情緒 (C)思考 (D)知覺。　**(A)**

(　　) 8. 皮亞傑的認知發展理論，下列哪一項論點被後人認為比較缺乏教育價值？ (A)兒童具有主動求知的能力 (B)強調發展先於學習 (C)兒童認知發展具有階段性 (D)以知識認知發展為主。　**(B)**

(　　) 9. 下列何者是布魯納的表徵系統理論在教學上的應用？ (A)問題教學法 (B)直接教學法 (C)發現式教學法 (D)發表教學法。　**(C)**

(　　) 10. 一個幼兒看圖片或故事書時，常會倒著看或橫著看，一樣看得津津有味，請問他屬於下列哪一個認知發展階段？ (A)感覺動作期 (B)前運思期 (C)具體運思期 (D)形式運思期。　**(B)**

二、問答題

1. 名詞解釋：基模、同化、調適。
2. 請說明皮亞傑認知發展理論各階段的發展任務。
3. 布魯納將人類的認知發展區分為哪幾個階段？他主張的教學理論有哪些重點？
4. 可能發展區（ZPD）的概念是由何人提出的？在兒童發展上有何意義？
5. 鷹架理論的意義為何？對一位國小教師而言，在教學上有何啟示？

歷屆考題精選

一、選擇題

(A) 1.運思預備期的兒童，在認知上的特徵是： (A)憑直覺思考、推理 (B)具有可逆性思考能力 (C)脫離自我中心的語言方式 (D)物體恆存概念開始發展。

【2000年四技二專入學考】

(B) 2.依據皮亞傑學派的實驗研究，兒童之數量、重量、長度及質量保留概念，隨著年齡的增長而順序發展，最先及最後發展之概念為下列何者？ (A)數量、長度 (B)數量、重量 (C)質量、數量 (D)數量、質量。 【2001年普考】

(C) 3.下列何者為根據可能發展區（Zone of Proximal Development）概念來教導幼兒及提升智力的方式？ (A)遷移學習 (B)記憶術 (C)鷹架學習 (D)精熟學習。【2001年普考】

(D) 4.依據皮亞傑理論，幼兒以物品大小，來辨識物品的輕重，這可能受限於下列何種認知能力？ (A)類化 (B)缺乏物體恆存概念 (C)泛靈觀 (D)注意集中。

【2001年四技二專入學考】

(B) 5.幼兒有「床下有怪物來抓他」的憂慮，大約是從下列何種認知發展分期開始？ (A)感覺動作期 (B)運思預備期 (C)具體運思期 (D)形式運思期。

【2001年四技二專入學考】

(C) 6.有關皮亞傑（Piaget）認知發展論的敘述，下列何者正確？ (A)皮亞傑是一位幼教實務者，創立「皮亞傑幼兒教學法」 (B)認知發展是指身體動作、理解等生理與心理的發展 (C)皮亞傑以臨床觀察或個別訪談方式研究兒童的認

知發展　(D)個體認知結構一旦達到「平衡」後，就永遠不再改變。　　　　　　　　　　　【2002年四技二專入學考】

(　　)7.幼兒害怕家門前的大樹，晚上會變成怪物來抓他，是何種認知發展階段的特徵？　(A)感覺動作期　(B)運思預備期　(C)具體運思期　(D)形式運思期。　**(B)**

【2002年四技二專入學考】

(　　)8.依據皮亞傑的認知理論，下列何者為運思預備期的思考特徵？　(A)認為所有的信都是郵差叔叔寫的　(B)能將椅子與衣櫃都歸為傢俱類　(C)了解預言故事的抽象意義　(D)能理解「男童小康有哥哥叫小健，所以小小健有弟弟」。　**(A)**

【2003年四技二專入學考】

(　　)9.下列何者是皮亞傑認知發展理論中「運思預備期」的特徵？　(A)具有物體恆存的概念　(B)憑直覺判斷事物　(C)具有保留概念及「可逆性」的推理能力　(D)主要依賴感覺和動作認識周圍的環境。　【2004年四技二專入學考】　**(B)**

(　　)10.佛洛伊德（S. Freud）性心理發展論「潛伏期」階段的兒童相當於處在皮亞傑（J. Piaget）認知發展論的哪一個階段？　(A)具體運思期　(B)感覺動作期　(C)前運思期　(D)形式運思期。　　　　　　　【2006年教師檢定考】　**(B)**

(　　)11.下列何種情況是皮亞傑（J. Piaget）認知發展論中具體運思期所稱的系列化與遞移推理？　(A)能將筷子依長短排列，並把介於中間長度的筷子插入適當位置　(B)用地圖或模型幫助自己找到被隱藏的物品　(C)知道在天秤兩邊的物體哪一種物理特性將影響結果　(D)知道歸納法所得的結論比演繹法所得的結論不確定。　【2006年教師檢定考】　**(C)**

（　）12.小利看到石頭沈入水中，他說：「我早知道，所有的石　**(D)**
頭都會沈入水中。」之後他看到浮岩浮於水上，別人告
訴他，浮岩是石頭。幾天後，老師問小利：「石頭會沈入
水中嗎？」小利說：「大部分會。」小利的回答是屬於下
列何種認知作用？　(A)調適　(B)同化　(C)可逆　(D)分
類。　【2006年教師檢定考】

（　）13.在「神秘箱」的活動中，老師要求兒童猜測箱子裡的物品　**(D)**
為何，在猜答案之前，兒童可以問問題，但老師只能回答
「是」或「不是」，看看兒童是否能在20個問題內猜對答
案。這個活動可培養兒童何種認知能力？　(A)物體守恆
概念　(B)反向思考能力　(C)設定目標和做決定的能力
(D)構思問題及形成概念的能力。　【2007年教師檢定考】

（　）14.具體運思期兒童的認知發展，若兒童知道a＞b 且b＞c，　**(C)**
便知道a＞c，表示他具有何種認知能力？　(A)保留概念
(B)類別含攝　(C)遞移推理　(D)歸納推理。
【2007年教師檢定考】

（　）15.對於影響兒童認知發展的因素，下列的敘述中何者是維高　**(B)**
斯基（L. Vygotsky）的觀點？　(A)發展在前，學習伴隨
在後　(B)大人與年長同儕的教導最能促進發展　(C)生理
成熟因素有著不可忽視的影響　(D)過早教導複雜的課題
會揠苗助長。　【2008年教師檢定考】

（　）16.小和目前是國小三年級學生（9歲左右），小和最有可能　**(C)**
是皮亞傑認知發展論的哪一個發展階段？　(A)感覺動作
期　(B)前運思期　(C)具體運思期　(D)形式運思期。
【2008年教師檢定考】

( ) 17.根據維高斯基對認知發展的觀點，下列敘述何者正確？ **(A)**
(A)如果得到較有能力夥伴的引導，兒童將較容易學會新
技能　(B)如果在嘗試解決問題時自言自語，兒童將越來
越自我中心　(C)兒童一旦能夠去除自我中心錯覺，即可
接受學校正規教育　(D)兒童的近側發展區是自己與同齡
能力低者的能力差異區域。　　　【2009年教師檢定考】

( ) 18.有關年幼兒童及年長兒童在描述他人時，有何認知上的轉 **(B)**
變？　(A)從內在特性轉向外在特性　(B)從泛泛而談到具
體描述　(C)從社會中心到自我中心　(D)從差異性到整體
性。　　　【2009年教師檢定考】

( ) 19.小美和小明姐弟倆看完電影「海角七號」後，一直吵著要 **(C)**
爸爸帶他們去恆春找阿嘉和茂伯。媽媽見狀就跟兩人說，
等暑假到了就帶你們兩個到屏東看阿嘉的家。小明立刻大
聲的說：「不是屏東啦，是恆春。」小美馬上接著說：
「笨喔！恆春就在屏東縣啦！」以皮亞傑的理論分析小美
和小明可能分別發展到哪一個認知階段？　(A)小美在前
運思期，小明在感覺動作期　(B)小美在前運思期，小明
在具體運思期　(C)小美在具體運思期，小明在前運思期
(D)小美在形式運思期，小明在具體運思期。
【2009年教師檢定考】

二、問答題【解答請見附錄】

1. 小英一向習慣看到小東西，就抓起來往地上敲，讓它發出聲音。有一次
在桌上的菜籃裡看到雞蛋，照樣撿起來敲，結果雞蛋破掉了才知道不是
所有的東西都這樣。請根據皮亞傑認知發展理論，說明「平衡」、「失
衡」、「同化」、「調適」等四個概念的涵義，並分別列出上述例子中

與各概念相關的行為。　　　　　　　　　　　　　　【2007年教師檢定考】

2. 請解釋後設認知（meta cognition）的意義，並說明如何運用以增進兒童
學習的效果？　　　　　　　　　　　　　　　　　【2007年教師檢定考】

Chapter **4**

語言的發展與輔導

第一節　語言發展的理論與特徵

一、語言的意義

語言的意義，說明如下：（陳幗眉、洪福財，2001）
（一）語言是一種「符號」系統，相當複雜，包括語音、語義、詞彙、語法等。
（二）語言是人類特有的訊息工具，它能夠傳遞給下一代，但是不同區域、民族所使用的語言不同，甚至受到社會階層、職業、年齡、性別也會有差異。
（三）兒童的語言發展，是指兒童學習語言、運用語言的能力增長的過程。

二、語言發展的重要性

語言發展的重要性，說明如下：（陳幗眉、洪福財，2001）
（一）語言具有人際溝通的功能，可以做為人與人交往、交換訊息的工具。
（二）語言可以成為人類思維的工具，用語言來思考問題。
語言對於兒童發展的重要性，說明如下：（陳幗眉、洪福財，2001）
（一）語言有助於兒童的社會化，可以幫助他理解他人的意思，或表達自己的意思。
（二）語言有利於兒童學習社會行為，當兒童學會聽和說，他可以懂得如何適應社會，調整自己的情緒和行動。

（三）語言可促進兒童認知能力的發展，包括觀察、記憶、想像、判斷和推理等。

三、語言發展的理論

語言發展的三種理論，說明如下：（王淑芬，2005）

（一）語言天賦論

詹姆斯基（Chomsky）提出語言發展是人類的天賦能力，影響語言發展的因素是成熟。

（二）行為學習論

語言發展是行為制約的歷程，因增強作用而引發。發展歷程如下：

1.無目的之聲音組合：7～8個月的嬰兒發出「ba-ba」、「ma-ma」的聲音，不是因為會喊爸爸或媽媽，經過父母適時的增強後，逐漸學會「ba-ba」、「ma-ma」的意義。

2.指物命名：父母會教導幼兒建立物與名之間的制約關係。

3.社會學習：兒童會透過模仿學習語言。

（三）認知學習論

認為語言發展受到認知能力的影響，是個體在周遭環境與認知結構互動下的產物。

四、語言發展的分期與特徵

語言發展的分期與特徵，說明如下：（王淑芬，2005）

（一）發音時期：0～1歲

1.語言發展重點在於發音練習及了解他人的說話。

2.嬰兒最早發出的音是「da da」及「ba ba」。

（二）單字句期：1～1.5歲

1.嬰兒能了解發出聲音的意義，並有意識的表達自己的意思。

2.三項特徵

（1）以單字代表整句話的意思，例如：叫「媽媽」代表「媽媽抱我」。

（2）以物的聲音代表名稱，例如：「噗噗」代表汽車，「汪汪」代表狗。

（3）常發出重疊的聲音，例如：狗狗、糖糖。

（三）多字句期：1.5～2歲

1.幼兒發展出雙字語句、多字語句。

2.三項特徵

（1）喜歡問物品所代表的名稱。

（2）語句內容鬆散，例如：「媽媽—糖」代表「媽媽，我要吃糖」。

（3）語句中以名詞最多，逐漸增加動詞，再次為形容詞。

（四）文法期：2～2.5歲

1.幼兒已能注意說話的文法，可以說出一個簡單的句子。

2.幼兒已能使用代名詞「你、我、他」。

3.父母適合說簡單的生活故事給幼兒聽，並教導吟唱兒歌。

（五）複句期：2.5～3.5歲

1.幼兒已能講兩個平行的句子。

2.幼兒好奇心的驅使下，對於不熟悉的事物喜歡問「是什麼？」「為什麼？」

（六）完成期：4～6歲

幼兒已能完整表達語言。

第二節　語言發展的影響因素

語言發展的影響因素，說明如下：（陳幗眉、洪福財，2001；經佩芝、杜淑美，1994；盧素碧，1989）

一、年齡因素

（一）語彙的總數會隨年齡的增加而增多。

（二）語句的長度會隨年齡的增加而增長。

（三）語句的結構會隨年齡的增加而更完整、複雜化。

二、性別因素

女童在各年齡層中，開口說話的時間比男童早，使用的平均字數和語句多於男童，了解語言的意義及運用字詞的技巧也優於男童。原因分析如下：

（一）女童認同母親，母女共處時間長、音調比較接近；男童認同父

親，但父子共處時間短、音調差異大。因此在語言的誘發與模仿上，女童優於男童。

（二）女童的精細動作優於男童。

（三）女性左腦功能較發達，男性右腦功能較發達。語言中樞位於左腦，所以女童的語言發展占有優勢。

（四）進入學齡期後，女童語言發展優於男童的情形變得不明顯。

三、智力因素

（一）兒童開口說話的時間早晚、語句的長短，與智力呈正相關。

（二）兒童智力越高，語彙增加的越多、越快。

四、成熟因素

（一）遺傳所提供的生理基礎會影響語言發展。

（二）大腦和語言器官（聽覺系統、發音系統）的成熟，促使兒童正確掌握語言使用。

五、情緒與人格因素

幼兒的情緒態度與人格特質，會造成語言發展的缺陷。其原因分析如下：

（一）嬰兒時期經常拒絕吃飯，學會說話的時間較慢。

（二）過分保護的幼兒，會一直使用嬰兒說話的方式。

（三）失去情緒依靠的幼兒，語言功能表現偏差。

（四）不當的壓抑幼兒的情緒表現，容易患有口吃現象。

六、環境因素

（一）家庭背景

1.家庭社經地位高者，語言發展較佳。
2.父母教育程度高者，語言發展較好。

（二）親子關係

1.嬰兒牙牙學語後，父母給予適當的增強，語言發展較佳。
2.父母的親子關係是溫暖、關心，嬰幼兒語言發展較好。

（三）示範者

1.嬰幼兒接觸的人多，語言發展較佳。
2.嬰幼兒接觸的人說話速度適中、清晰，語言發展較佳。

（四）兄弟姊妹的人數

1.兄弟姊妹較多，而且年齡相近，嬰幼兒的語言發展較佳。
2.獨生子女與成人互動的機會多，語彙比較豐富。

第三節　語言發展的輔導策略

語言發展的輔導途徑和方法，說明如下：（陳幗眉、洪福財，2001；黃天、邱妍祥、谷芊，2005）

一、保護語言器官

（一）注意兒童聽力的保護，一旦發現聽力缺陷應及早就醫。

（二）保護兒童發音器官，儘量避免上呼吸道感染，遏止任意的聲嘶力喊。

二、創造語言環境

（一）親子間的語言溝通

1.父母從小提供嬰幼兒適當的語言刺激，奠定學習語言的基礎。

2.當幼兒在模仿發音和說話時，父母要給予增強和正確指導。

3.父母要營造家庭溫馨、無威脅的氛圍，要傾聽兒童的說話。

4.父母應提供良好的語言示範，說話聲調大小要適中。

（二）同儕間的語言溝通

1.角色扮演遊戲是學習語言的良好方法。

2.同儕一起遊戲或合作完成一項活動，有助於語言溝通和互相學習。

（三）師生間的語言溝通

1.教師在語言教學活動中，正確指導並鼓勵兒童使用語言。

2.教師要營造融洽的學習情境，引導學生說話和表達的機會。

三、豐富語言材料

（一）豐富兒童的生活經驗，激發兒童使用語言來表達感受的能力。

（二）多為兒童講故事，培養「聽」和「說」的能力，也能促進親子

關係。

（三）多為兒童提供圖畫書（或繪本），培養兒童閱讀的興趣。

四、語言教學原則

（一）直觀教學

教導兒童認識新詞、語法和用語時，要結合具體的直觀材料，切勿要求機械式的背誦。

（二）正確示範

家長和教師要提供正確的示範，以利兒童模仿。

（三）練習指導

多提供兒童練習語言的機會，以及正確的指導。

五、矯正語言障礙

（一）構音障礙

1.常見的構音障礙

構音障礙常出現於4歲前，有時5～6歲也會發生。常見的構音障礙有：「丟音」（丟掉組成音節的幾個音之一，例如「姥姥」說成「襖襖」）、「換音」（用一個音代替正確的音，例如「蘭」代替「男」）、「錯音」（發某些音會出現錯誤或混淆，例如「ㄗ」、「ㄘ」、「ㄙ」和「ㄖ」、「ㄔ」、「ㄕ」）。

2.輔導策略

（1）加強引導和示範，例如讓兒童注意發音的口形，講解正確的發音方法，練習兒歌或繞口令等。

（2）糾正不良的說話習慣。

（3）避免錯誤的示範和模仿。

（二）口吃矯正

1.口吃的類型

是指兒童說話不流暢，常見於2～4歲的兒童，通常會隨著年齡增長而逐漸消失。

2.輔導策略

（1）及早發現並幫助兒童克服口吃障礙。

（2）有時幼兒會因為好玩而模仿同儕說話口吃，消除模仿對象就會消失。

（3）解除緊張是矯正口吃的主要方法。

（4）成人提供兒童語言示範，說話語調要流利而平穩。

（5）培養良好的說話習慣，鼓勵兒童多練習並給予回饋。

作者的叮嚀

1.兒童語言發展：是指兒童學習語言、運用語言的能力增長的過程，包括語音、語義、詞彙、語法等。

2.兒童語言發展的重要性：（1）有助於社會化；（2）有利於學習社會行為；（3）促進認知能力的發展。

3.兒童語言發展的三種理論：（1）語言天賦論；（2）行為學習論；（3）認知學習論。

4.幼兒語言發展的分期：（1）發音時期（0～1歲）；（2）單字句期（1～1.5歲）；（3）多字句期（1.5～2歲）；（4）文法期（2～2.5歲）；（5）複句期（2.5～3.5歲）；（6）完成期（4～6歲）。

5.兒童語言發展的影響因素：（1）年齡因素；（2）性別因素；（3）智力因素；（4）成熟因素；（5）情緒與人格因素；（6）環境因素。

6.學齡前女童的語言發展優於男童，原因如下：（1）女童認同母親，母女共處時間長、音調比較接近；男童認同父親，但父子共處時間短、音調差異大，在語言的誘發與模仿上，女童優於男童；（2）女童的精細動作優於男童；（3）女性左腦功能較發達，男性右腦功能較發達，語言中樞位於左腦，女童的語言發展占有優勢。

7.兒童語言發展的輔導策略：（1）保護語言發音器官；（2）創造語言溝通環境；（3）提供語言材料及閱讀；（4）善用語言教學原則；（5）矯正語言構音障礙。

8.語言教學的原則：（1）直觀教學；（2）正確示範；（3）勤做練習。

9.幼兒常見的構音障礙：（1）丟音；（2）換音；（3）錯音。

10.語言構音障礙的輔導策略：（1）指導正確發音方法；（2）糾正不良說話習慣；（3）避免錯誤示範模仿。

11.口吃矯正的輔導策略：（1）及早發現和治療；（2）消除不良的模仿對象；（3）解除緊張焦慮；（4）提供正確的語言示範；（5）勤加練習並給予回饋。

自我測驗

一、選擇題

（　）1.下列哪一位學者的語言學習理論，被稱為「語言天賦論」？　(A)皮亞傑　(B)布魯納　(C)詹姆斯基　(D)維高斯基。 **(C)**

（　）2.幼兒在下列哪一個語言發展階段，已經開始學會使用「我」來代表自己？　(A)單字句期　(B)多字句期　(C)文法期　(D)複句期。 **(C)**

（　）3.下列何者是單字句期幼兒語言發展的特徵？　(A)以物的聲音來代表其名稱　(B)喜歡發問　(C)學會使用代名詞　(D)學習說話的文法。 **(A)**

（　）4.有關兒童語言發展的敘述，下列何者不正確？　(A)語言上有性別差異，在幼兒期比較顯著　(B)幼兒開口說話的早晚與智力無關　(C)父母的教養態度是決定幼兒語言發展的重要因素　(D)語言發展有關鍵期。 **(B)**

（　）5.幼兒口吃的產生原因，下列何者不正確？　(A)發音器官功能失調　(B)習慣模仿口吃者的說話方式　(C)缺乏良好的語言示範　(D)故意引起父母的注意。 **(C)**

（　）6.關於幼兒語言發展的敘述，下列何者是正確的？　(A)女童比男童早開口說話　(B)智力高的幼兒，說話的時間較晚　(C)家中兄姐或友伴越多的幼兒，語言發展情形欠佳　(D)幼兒語言發展不受情緒和人格特質的影響。 **(A)**

（　）7.引導幼兒語言發展的輔導策略，下列何者不正確？　(A)立即糾正幼兒　(B)提供豐富的閱讀環境　(C)提供兒童練習語言的機會　(D)傾聽兒童的說話。 **(A)**

（　　）8.下列哪一種環境，有利於幼兒語言發展？　(A)兄弟姐妹人　　**(A)**
　　　　數多，且年齡相近　(B)讓幼兒多看電視　(C)被父母過度
　　　　保護　(D)親子關係疏離。

（　　）9.小寶把貓叫做「喵喵」，把汽車叫做「噗噗」，從一般的　　**(B)**
　　　　幼兒語言發展來看，小寶應該處於哪一個年齡階段？
　　　　(A)6個月～1歲　(B)1～1.5歲　(C)1.5～2歲　(D)2～2.5
　　　　歲。

（　　）10.幼兒在1.5～2歲時的語言發展特徵，下列何者不正確？　　**(C)**
　　　　(A)喜歡問東西的名稱　(B)使用的字彙快速增加　(C)已
　　　　學會使用代名詞　(D)會使用電報句。

二、問答題

1. 請說明詹姆斯基（Chomsky）語言學習理論的重要主張。

2. 請從「行為學派」與「認知學派」的觀點，闡述如何進行語言學習。

3. 幼兒在語言發展階段，會喜歡提出各種問題，請問父母面對好問的幼兒
　 應如何進行輔導。

4. 請簡述幼兒語言發展的階段及其特徵。

5. 父母面對患有口吃的幼兒，應如何進行語言學習的輔導。

歷屆考題精選

一、選擇題

（　　）1.有關幼兒語言發展的敘述，下列何者正確？①幼兒以「媽　　**(B)**
　　　　媽抱」來表達整句話的意思是電報語言期的表現；②把狗
　　　　稱作「汪汪」是單字句時期的特徵；③代名詞的使用先於

名詞；④喜歡發問是複句期的特徵　(A)①②③　(B)①②④　(C)①③④　(D)②③④。

【2000年四技二專入學考】

(　) 2.關於影響幼兒語言發展的因素，下列何者正確？　(A)幼兒開始說話時間的早晚和智力無關　(B)語言上的性別差異，在幼兒期較顯著　(C)語言的結構隨年齡的增加而更加簡單完整　(D)親子關係不會影響幼兒語言的發展。 **(B)**

【2000年四技二專入學考】

(　) 3.下列何者為幼兒語言的發展順序？①常說「為什麼」的問句；②會以行動回應「眼睛在哪裡」的問句；③會使用「你、我、他」的代名詞；④叫狗為「汪汪」　(A)①→②→③→④　(B)②→④→③→①　(C)①→③→②→④　(D)②→③→④→①。　【2001年四技二專入學考】 **(B)**

(　) 4.下列有關語言發展的敘述，何者正確？　(A)男童的語言發展優於女童　(B)語言發展不受智力高低的影響　(C)哭是嬰兒最初的發音練習　(D)幼兒的雙語學習，有助第一母語的學習。　【2001年四技二專入學考】 **(C)**

(　) 5.對於兒童早期「自言自語」的現象，下列敘述何者錯誤？　(A)皮亞傑認為它是一種自我中心的表現　(B)維高斯基認為它是溝通的一種特殊形式：與自己溝通　(C)前述兩者皆相信它可以幫助孩子統合語言和思考　(D)維高斯基認為它受遺傳的影響。　【2001年普考】 **(D)**

(　) 6.幼兒好問帶有「為什麼？」的句子，這種現象通常出現在下列何種語言發展時期？　(A)語言前期　(B)電報語言期　(C)單字句期　(D)複合句期。　【2003年四技二專入學考】 **(D)**

（　　）7.為了促進嬰幼兒語言的發展，下列敘述何種不適宜？　(A)
成人與嬰幼兒說話時，模仿嬰幼兒的發音與語法，產生示
範的效果　(B)多給予嬰幼兒練習說話的機會，使其從練習
中獲得滿足感　(C)依據嬰幼兒學習的個別差異，給予適性
的輔導　(D)當嬰幼兒想說話時要鼓勵他，不想說話時不要
強迫他。　　　　　　　　　　　　【2003年四技二專入學考】　**(A)**

（　　）8.小明常用「車車」代表「我要玩」小汽車，此表示小明的
語言發展正處於何種階段？　(A)稱呼期　(B)好問期　(C)
單字句期　(D)構句期。　　　　　　【2004年四技二專入學考】　**(C)**

（　　）9.大腦中的威尼克區（Wernicke's area）受損會導致下列何
種功能損傷？　(A)平衡　(B)語言理解　(C)語言表達
(D)長期記憶。　　　　　　　　　　　　【2007年教師檢定考】　**(B)**

（　　）10.依據語言發展學家尼爾森（K. Nelson）的觀察報告，兒
童最初50個詞彙的類型以何者數量最多？　(A)物體詞
(B)情緒詞　(C)行動詞　(D)功能詞。

　　　　　　　　　　　　　　　　　　　【2007年教師檢定考】　**(A)**

（　　）11.下列有關語言發展的敘述，何者正確？　(A)語言學習與
遺傳的關係不大　(B)語言發展模式有極大的文化差異存
在　(C)錯失了語言發展的關鍵期無法再補救　(D)認知結
構是兒童語言發展的基礎之一。　　【2008年教師檢定考】　**(D)**

二、問答題【解答請見附錄】

1. 試從語言發展的理論來論述孩子的語言是如何發展的？並根據理論分別
闡述輔導策略。　　　　　　　　　　　　　　　　　　【2004年普考】

2. 為促進幼兒語言的正常發展，父母或主要照顧者可以提供哪一些適當的
協助或輔導？　　　　　　　　　　　　　　　　　【2005年教師檢定考】

Chapter **5**

情緒的發展與輔導

第一節　情緒的特徵與發展

一、情緒的意義

情緒的意義，說明如下：（黃志成、王淑芬，1995）

（一）情緒（emotion）是一種心理活動，人們時常透過喜、怒、哀、樂等情緒反應，來表達心裡的感受。

（二）情緒與情感（feeling）兩個名詞容易混淆，都是個體因刺激而引起的身心狀態，但情緒引起的身心狀態較強烈，會影響整體的生理和心理層面，情感則較溫和，會影響的大多是心理層面。

（三）兒童情緒是指受到刺激後產生生理反應（例如心跳加快、血壓增高、瞳孔擴大、腸胃蠕動減緩等）與行為變化（例如高興時會拍手、傷心時會哭泣）。

二、兒童情緒的特徵

兒童情緒的特徵，說明如下：（黃天、邱妍祥、谷芊，2005）

（一）喜悅狀態：愛與情感

兒童一方面接受成人及同儕的愛與情感，同時也學習如何表達與付出愛與情感。

（二）抑制狀態

1.恐懼

（1）對東西與自然現象的恐懼（例如昆蟲、蛇、狗、暴風雨、怪噪音、火、水等）。

（2）對自我相關的恐懼（例如學校恐懼、學業失敗、疾病、受傷、做錯事等）。

（3）對社會關係的恐懼（例如孤獨、異性、社交活動等）。

（4）不知名的恐懼（例如超自然現象、不確定的未來等）。

2.焦慮

（1）焦慮是一種不愉快的情緒感覺，個體的心跳加快、血壓增高、腸胃不適。

（2）焦慮的原因

①缺乏生理需求，例如飢餓、口渴等。

②缺乏愛、接納和讚賞等心理需求。

③親子衝突，或兒童擔心考試失敗，或被別人輕視等。

（三）敵意狀態

1.兒童會表現出攻擊、懷疑、暴躁、怨恨、忌妒等行為，容易與他人產生衝突，也不受歡迎。

2.兒童常因能力不足、挫折及錯誤，對自己感到憤怒，而產生發脾氣、攻擊或反抗行為。

三、兒童的情緒反應

兒童的情緒反應，說明如下：（黃志成、王淑芬，1995）

（一）時間短暫

哭、笑等情緒反應，通常很短暫就會消失。

（二）表現強烈

無法有效的控制自我的情緒，常會大哭、大笑。

（三）容易改變

容易隨著注意力轉移而改變情緒，片刻間由哭而笑。

（四）次數頻繁

不會隱藏情緒，情緒反應會經常出現。

（五）個別差異

害怕時，有的會哭，有的躲起來，有的不露形色。

（六）行為症狀

出現強烈的情緒反應時，會直接表現在不良習慣或症狀上。例如咬指甲、胃口欠佳、睡不安寧、小便次數增多、退化現象等。

四、兒童的情緒發展

兒童的情緒發展，說明如下：（陳幗眉、洪福財，2001）

（一）原始的情緒反應

1.兒童與生俱來的本能反應，新生兒自呱呱墜地後就會啼哭或蹬腳。

2.原始情緒反應的特點，大都與生理需求是否滿足有關，例如飢餓或

尿布濕就會引起哭鬧等不愉快的情緒反應。

3.常見的原始情緒反應有：害怕而引起驚跳、大哭；發怒而引起哭
叫、拳打腳踢；成人撫摸皮膚或懷抱，會產生愛的情緒。

（二）情緒的分化

1.由籠統到分化

新生兒的情緒是籠統的，約1歲後逐漸分化，在2歲左右出現各種基本情緒。

2.布里奇思（Bridges）的情緒分化論

新生兒只會皺眉和哭泣，3個月後，情緒已分化為快樂和痛苦，6個月後，痛苦又分化為憤怒、厭惡和恐懼，12個月後，快樂又分化為高興和喜愛。

3.伊扎德（Izard）的情緒分化論

兒童隨著年齡增長和腦的發育，情緒也逐漸分化，形成九種基本情緒：愉快、驚奇、悲傷、憤怒、厭惡、懼怕、興趣、輕蔑、痛苦，每一種情緒都有相對應的面部表情模式。

（三）情緒的發展

1.情緒的社會化

新生兒的情緒反應大都與生理需求有關，但隨著年齡的成長，情緒與社會化的關係越來越密切。例如微笑是兒童的一種基本情緒，最初表現微笑是因為生理滿足而有愉快感，後來嬰兒被母親或親近的人撫摸或懷抱會發出微笑，這種微笑會使成人高興，是屬於社會性的微笑。

2.情緒的內在化

幼兒的情緒很容易轉移，才剛大哭過就可以被逗得哈哈大笑。隨著年齡漸增，兒童的情緒逐漸內在化，例如可以把玩具還給他人，卻又抓住玩具不放。

3.情緒的調節化

　　越幼小的兒童容易因為外在刺激而引發過度興奮、情緒激動，甚至無法控制自己，例如剛進托兒所的幼兒因為媽媽離開而啼哭，好不容易安靜下來，因為身旁的一個幼兒啼哭，使得原本已經不哭的幼兒又跟著哭起來。等到年齡漸增，就越來越可以控制自己的情緒。

第二節　情緒發展的影響因素

　　情緒發展的影響因素有二，幼稚期的情緒發展受到「成熟」因素的影響較大，逐漸成長後則受到「學習」因素的影響較深。說明如下：（郭靜晃，2005；黃志成、王淑芬，1995）

一、成熟與生理因素

　　（一）各種情緒的產生會受到個體年齡增長及成熟因素的影響。

　　（二）生理系統對情緒會產生影響，以神經和內分泌系統的影響尤為明顯。

　　（三）2個月的嬰兒很容易親近任何人，6個月後會出現害怕陌生人的反應，這是因為嬰兒的情緒成熟而產生的改變。

二、學習因素

（一）刺激－反應聯結（制約反應）

　　例如幼兒原本不怕火，某次玩火被燒痛後，一見火就害怕。

（二）刺激類化

例如幼兒害怕白兔，後來看見白狗、白貓，甚至一切白色的動物，都會產生害怕反應。

（三）模仿與暗示

幼兒喜愛看到媽媽微笑的表情，於是靠著模仿而學習到微笑的情緒表現；又例如幼兒原本不怕「黑暗」，後來經成人暗示在黑暗中會出現鬼，於是幼兒變得害怕黑暗。

（四）其他

因為飢餓、口渴、睡眠不足等身體不適，往往也會引起幼兒情緒的變化。

第三節　情緒發展的輔導策略

情緒發展的輔導，可分成一般策略及特殊策略，說明如下：（吳美姝、陳英進，2000；黃天、邱妍祥、谷芊，2005）

一、一般的輔導策略

（一）多鼓勵及讚美，發展愉快的情緒。

（二）父母和教師要以身作則，示範良好的情緒行為。

（三）健康的身體才有穩定的情緒，要積極維護兒童身心健康及正常生活作息。

（四）讓兒童適度的發洩情緒，學習如何控制情緒，並學習表達內在

的感覺。

（五）利用平時多培養興趣或休閒，轉移不當的情緒。

（六）避免產生激烈的情緒反應。

（七）尊重並接納兒童的情緒，避免使用恐嚇、命令的方式。

（八）父母親的教養態度必須一致，避免讓兒童感到無所適從。

二、特殊的輔導策略

（一）情緒反映策略

透過關懷的態度，使用與兒童相似的語言或行為，反射他的內在感受，幫助他了解情緒的對與錯，最後可以修正不當的情緒表現。

（二）行為輔導策略

1.系統減敏法
幫助兒童放鬆身體，並循序漸進的克服焦慮或恐懼的方法。

2.認知方法
分析認知與情緒的關聯性，再以理性取代非理性的情緒。

3.洪水法
將引發恐懼、焦慮、憤怒的刺激，在短時間內大量呈現。

4.操作制約法
應用增強、消弱、行為塑造等操作制約方法，以消除或減弱兒童的不當情緒。

5.示範法
成人示範正確的情緒表達方式，去除不當情緒。

（三）社會技巧訓練

1.認識自己的情緒。

2.表達自己的情感。

3.了解他人的感受。

4.處理他人的憤怒，了解他人為何生氣。

5.適時表達情意，使他人知道你關心他。

6.懂得處理恐懼，害怕時會找出原因並加以處理。

7.自己表現良好時，能酬賞自己。

作者的叮嚀

1.**情緒的意義**：是一種心理活動，人們時常透過喜、怒、哀、樂等情緒反應，來表達心裡的感受。

2.**兒童情緒的特徵**：（1）喜悅狀態；（2）抑制狀態；（3）敵意狀態。

3.**兒童的焦慮情緒**：（1）一種不愉快的情緒感覺，會使個體的心跳加快、血壓增高、腸胃不適；（2）引起原因可能是生理需求和心理需求不滿足、親子關係衝突或擔心課業成就低落。

4.**兒童情緒反應的特徵**：（1）時間短暫；（2）表現強烈；（3）容易轉移；（4）次數頻繁；（5）個別差異；（6）行為症狀。

5.**兒童情緒的分化**：（1）新生兒的情緒是籠統的，約1歲後逐漸分化，在2歲左右出現各種基本情緒；（2）每一種情緒都有相對應的面部表情模式。

6.**兒童情緒發展的特性**：（1）情緒的社會化；（2）情緒的內在化；（3）情緒的調節化。

7.**兒童情緒發展的影響因素**：幼稚期受到「成熟」因素的影響較

大，逐漸成長後受到「學習」因素的影響較深。

8.兒童情緒發展的一般輔導策略：（1）多鼓勵及讚美；（2）成人要以身作則；（3）維護身心健康；（4）適度的發洩情緒；（5）培養興趣或休閒；（6）避免激烈的反應；（7）避免恐嚇命令；（8）父母教養態度一致。

9.兒童情緒發展的特殊輔導策略：（1）情緒反映策略；（2）行為輔導策略；（3）社會技巧訓練。

10.處理兒童情緒的行為輔導策略：（1）系統減敏法；（2）認知方法；（3）洪水法；（4）操作制約法；（5）示範法。

11.系統減敏法：（1）是一種處理兒童情緒的行為輔導策略；（2）幫助兒童放鬆身體，並循序漸進的克服焦慮或恐懼的方法。

自我測驗

一、選擇題

（ ）1.下列哪一項不是兒童情緒反應的特徵？ (A)時間短暫 (B)次數頻繁 (C)表達直接 (D)表現強烈。 **(C)**

（ ）2.幼兒對白兔產生恐懼，日後看到白狗、白貓，只要是白色的動物都會害怕，這是下列何種現象？ (A)交替反應 (B)刺激類化 (C)暗示 (D)直接經驗。 **(B)**

(   ) 3.下列何者不是削弱幼兒恐懼的方法？   (A)教導幼兒學習如 **(C)**
何應付恐懼的技能   (B)讓幼兒逐漸接觸令他恐懼的東西
(C)讓幼兒恐懼的東西與恐懼的聲音同時出現   (D)安排機
會讓幼兒向同伴學習不恐懼的行為。

(   ) 4.下列哪一種幼兒的情緒不適應時，容易產生自卑的性格？ **(D)**
(A)妒忌   (B)憤怒   (C)好奇   (D)害羞。

(   ) 5.有關幼兒情緒發展的敘述，下列何者不正確？   (A)幼兒情 **(C)**
緒不穩定，有礙智力發展   (B)幼兒常有愉快的情緒，就容
易有良好的人際關係   (C)幼兒的任何情緒若能給予滿足，
就會一再重複使用   (D)幼兒的情緒也是一種溝通方式。

(   ) 6.關於情緒分化的敘述，下列何者不正確？   (A)依循籠統到 **(D)**
分化的發展原則   (B)嬰兒最初產生苦惱的情緒，主要是由
生理因素引起   (C)5～6個月時會因為陌生人接近而表現出
恐懼情緒   (D)嫉妒是最早分化出來的情緒。

(   ) 7.焦慮是從何種情緒所分化出來的？   (A)生氣   (B)害怕 **(B)**
(C)悲傷   (D)忌妒。

(   ) 8.嫉妒是從何種情緒所分化出來的？   (A)恐懼   (B)憤怒 **(D)**
(C)悲傷   (D)苦惱。

(   ) 9.幼兒情緒發展的輔導策略，下列何者不恰當？   (A)注意幼 **(C)**
兒生理和心理的健康   (B)成人應做良好的示範   (C)幼兒
遭遇挫折時不予理會   (D)避免不必要的暗示與恐嚇。

(   ) 10.嬰幼兒的基本情緒，大都是受到下列何種因素的影響？ **(C)**
(A)遺傳   (B)學習   (C)成熟   (D)環境。

二、問答題

1. 請簡述兒童情緒反應的特性。

2. 請簡述兒童情緒發展的特質。

3. 請簡述兒童情緒分化的現象，並舉例說明之。

4. 身為一位幼稚園老師，請問你如何幫助幼兒發展良好的情緒管理能力。

5. 請說明國小兒童的情緒發展特徵以及輔導策略。

歷屆考題精選

一、選擇題

（　　）1. 下列關於情緒發展的描述，何者錯誤？　(A)嬰兒基本情緒　**(A)**
如恐懼、愉快、憤怒等表達多半是學習來的　(B)3個月大
的嬰兒就會有憤怒情緒，而且年紀越大，憤怒維持的時間
越長　(C)嫉妒是憤怒、愛與恐懼的情緒結合，在18個月大
時發展出來　(D)認生期的特徵是害羞，約在6個月至1歲左
右出現。　　　　　　　　　　　　【2000年四技二專入學考】

（　　）2. 下列有關幼兒情緒的發展，何者有誤？　(A)情緒是與生俱　**(C)**
來的　(B)情緒是幼兒的一種溝通方式　(C)情緒與認知發
展有關　(D)大部的恐懼來自學習經驗。
　　　　　　　　　　　　　　　　【2001年四技二專入學考】

（　　）3. 下列何者表示個體在適應環境時，所表現與生具有的情緒　**(C)**
性和社會性的獨特行為模式？　(A)價值觀　(B)動機　(C)
氣質　(D)興趣。　　　　　　　　【2001年四技二專入學考】

（　　）4. 下列有關嬰幼兒情緒發展過程的敘述，何者正確？　(A)情　**(B)**
緒的辨認先於情緒的表達　(B)情緒的表達先於情緒的辨認
(C)情緒的了解先於情緒的表達　(D)情緒的表達先於情緒
的了解。　　　　　　　　　　　　　　　　【2001年普考】

( ) 5.依據心理學家湯姆斯與契司（A. Thomas & S. Chess）的氣
質論，若嬰幼兒好動、易怒、作息習慣不規則、拒絕新經
驗、情緒反應激烈，則可歸入下列何種氣質類型？ (A)教
養困難型幼兒 (B)慢吞吞型幼兒 (C)樂天型幼兒 (D)學
習型幼兒。 【2003年四技二專入學考】 **(A)**

( ) 6.請從下列敘述中，選出成人處理幼兒的憤怒情緒時，應避
免的行為：①自己失去控制，也跟著憤怒；②屈服於幼兒
的壓力，讓他予取予求；③接受他的情緒，暫時不理；④
開出不能兌現的恐嚇支票；⑤在情緒衝動下，採用體罰；
⑥設法轉移幼兒的注意力，再慢慢誘導他 (A)①②⑤⑥
(B)②③④⑤ (C)①②③④ (D)①②④⑤。 **(D)**
【2003年四技二專入學考】

( ) 7.下列一般嬰幼兒的情緒發展順序，何者正確？ (A)苦惱→
嫉妒→恐懼 (B)苦惱→恐懼→嫉妒 (C)恐懼→苦惱→嫉
妒 (D)恐懼→嫉妒→苦惱。 【2003年四技二專入學考】 **(B)**

( ) 8.依據布黎茲（K. M. Bridges）的觀點，新生兒首先分化
出來的情緒為何？ (A)苦惱 (B)痛苦 (C)不安 (D)憤
怒。 【2004年四技二專入學考】 **(A)**

( ) 9.注意力缺陷過動症（Attention Deficit Hyperactivity
Disorder, ADHD）的症狀會影響到個體在學習、社會、情
緒等各方面的正常功能。下列有關 ADHD 的描述，何者
正確？ (A)症狀會持續到成人期 (B)到了青少年期就會
改善 (C)無法以訓練或教育加以改善 (D)無法用藥物改
善。 【2006年教師檢定考】 **(B)**

( ) 10.小宜對老師說：「我覺得每次生氣時，就心跳加快、呼
吸急促！」請問這些變化主要與何種內分泌腺體有關？ **(B)**

(A)甲狀腺　(B)腎上腺　(C)松果腺　(D)腦下垂體。

【2007年教師檢定考】

(　　) 11.「你的憂鬱情緒是由你自己引發的，你可以加以改變」，　**(D)**
這句話所使用的技術是現實治療中的哪一個技術？　(A)
解釋技術　(B)建設性辯論　(C)單一性冥想　(D)積極性
技術。　　　　　　　　　　　　　　【2007年教師檢定考】

(　　) 12.小強一向愛表現，尤其當情緒好時，就會滔滔不絕地說　**(D)**
話。在某一次與同學談話時，由於口不擇言，無意中傷了
小華，雖然小華沒有責怪他，但是其他的同學都紛紛指責
小強。從此，無論在上課或下課，小強總是一言不發，有
時還有意無意地將食指放在嘴唇上。依防衛機轉的概念，
小強運用的是哪一種防衛機轉來克服自己多話的毛病？
(A)轉移作用　(B)退化作用　(C)否認作用　(D)反向作
用。　　　　　　　　　　　　　　【2008年教師檢定考】

(　　) 13.小偉害怕打針，因此慢慢地，他不僅開始對穿白袍的醫生　**(C)**
或護士感到恐懼，甚至對穿著白上衣的人都會感到恐懼。
這個經驗主要是受到什麼影響？　(A)分化作用　(B)直接
經驗　(C)類化作用　(D)條件化情緒反應。

【2008年教師檢定考】

二、問答題【解答請見附錄】

1. 試說明兒童恐懼情緒的發展狀況、影響因素及輔導方法。

【2001年普考】

2. 請說明兒童情緒管理的目標及其內容。　　【2005年教師檢定考】

Chapter **6**

道德的發展與輔導

本章學習重點

■道德的定義與理論

一、道德的定義－1.道德認知

2.道德情感

3.道德行為

二、道德發展理論－1.皮亞傑道德發展三階段

（1）無律階段

（2）他律階段

（3）自律階段

2.柯爾柏格三期六階段理論

（1）道德成規前期：第一階段：避罰服從取向

第二階段：相對功利取向

（2）道德成規期：第三階段：尋求認可取向

第四階段：遵守法規取向

（3）道德成規後期：第五階段：社會法制取向

第六階段：普遍倫理取向

■道德發展的影響因素

一、認知因素 二、情緒因素 三、經驗因素

四、家庭因素 五、教育因素

■道德發展的輔導策略

一、賞罰分明 二、以身作則 三、規律生活

四、道德教學 五、社會風氣 六、親職教育

第一節　道德的定義與理論

一、道德的定義

　　道德的定義，說明如下：（張春興，1994；黃志成、王淑芬，1995）

　　（一）英文字moral是品行的意思，morality是指一個人表現出符合社會的道德規範和行為規則，例如助人、誠實、仁慈等。

　　（二）道德觀念與道德行為都是個體在人格成長中，經由社會化的歷程逐漸發展而形成的。

　　（三）道德的內涵

　　1.道德認知。

　　2.道德情感。

　　3.道德行為。

二、道德發展理論

　　道德發展理論以皮亞傑及柯爾柏格（Kohlberg）最具代表，說明如下：（張春興，1994；黃天、谷芊、邱妍祥，2005）

（一）皮亞傑的道德發展理論

　　1.在1932年出版《兒童道德的判斷》（*The Moral Judgement of the Child*），他從觀察兒童玩彈珠遊戲時發現，兒童對遊戲規則的遵守及了解，是隨年齡增長而改變的。

　　2.道德發展三階段

（1）無律階段

約0～4歲，前運思期的兒童較偏向自我中心，缺乏服從規範的意識，無法從道德的觀點來評價幼兒的行為。

（2）他律階段

約4～8歲，進入具體運思期的兒童，能遵守成人所訂的行為規範，但不一定了解。因此在判斷行為是非時，只根據後果大小，而不是主觀動機，例如，一名兒童不小心打破杯子，另一名兒童因為偷拿東西吃而打破杯子，會被視同「一樣壞」的行為。

（3）自律階段

約8～12歲，進入形式運思期的兒童，能了解行為規範，也開始對成人所訂的行為規範產生質疑，甚至於喜歡自訂規範。因此，兒童已能分辨不小心打破杯子與偷吃東西打破杯子的行為是不一樣的。

（二）柯爾柏格的道德發展理論

1.排除傳統上道德分類的觀念

他認為人的道德不是有無的問題（某人有道德或無道德），也不是歸類的問題（某人誠實或虛偽），而是隨年齡經驗的增長而逐漸發展的。

2.道德認知可以經由教育培養

3.運用「道德兩難困境」來評價道德發展

例如「海因茲先生偷藥」的故事：

歐洲有名婦人患了一種絕症，生命垂危。醫生認為只有一種藥才能夠治癒她，但那是本城鎮的一位藥劑師所發明的。由於製造這種藥要花很多錢，藥劑師索價要高出成本100,000元的十倍，也就是1,000,000元。病婦的丈夫海因茲到處向人借錢，最後只借得500,000元，僅足夠支付醫藥費的一半。海因茲不得已，只好告訴藥劑師，他的妻子快要死了，請求藥劑師便宜一點賣給他，或者允許他賒欠。但藥劑師說：「我無法答應，我發明這種藥就是為了賺錢。」海因茲走投無路之下，竟在月黑風高的夜晚偷

偷闖入藥劑師的家裡，為妻子偷走了藥。

　　然後請受測驗者在聽完這個故事後，回答以下一系列的問題：「海因茲先生應該這樣做嗎？為什麼應該或不應該？法官該不該判他的罪，為什麼？」從中了解兒童是如何做道德的推理判斷。

4.道德發展的順序原則：三期六階段

（1）道德成規前期（學前幼稚園至小學中低年級）

第一階段：避罰服從取向

第二階段：相對功利取向

（2）道德成規期（小學中年級以上至青年期）

第三階段：尋求認可取向（乖男巧女）

第四階段：遵守法規取向

（3）道德成規後期（青年期以後）

第五階段：社會法制取向

第六階段：普遍倫理取向

表10　柯爾柏格道德發展的三期六階段

期別	階段	行為動機	典型反應
道德成規前期	避罰服從	規避懲罰為首要考量。	1.兒童缺乏是非善惡觀念，只為避免懲罰而服從規範。 2.行為好壞是依行為結果來評價，而不考量動機。 3.認為故事中海因茲先生偷藥是不對的，因為被抓到了要坐牢。
	相對功利	以自身利益為首要考量。	1.兒童在考慮任何問題，都是以滿足自我為主。 2.兒童行為會為了獲得酬賞而服從規範。 3.認為故事中海因茲先生偷藥是對的，因為太太死了，就沒人幫忙煮飯、洗衣服。

（續下頁）

期別	階段	行為動機	典型反應
道德成規期	尋求認可	以獲得他人的認同、稱讚及情感為首要考量。	1.兒童為獲取成人的讚賞而遵守規範。 2.兒童會表現出符合成人期望的行為。 3.認為故事中海因茲先生偷藥是對的，因為照顧太太是一位好先生應有的表現，也是職責。
	遵守法規	以遵守規範、不妨害他人、不觸犯法律為首要考量。	1.兒童遵守規則，是為了避免觸法。 2.認為故事中海因茲先生偷藥是不對的，因為偷竊是違法的行為，任何人都不應該做違法的事。
道德成規後期	社會法制	強調互相尊重的義務與法律的基本精神，容許個人價值與法律的衝突。	1.社會規範只要大眾有共識，是可以改變的。 2.認為故事中海因茲先生偷藥是對的，因為如果法律保障的是惡人，這種法律便不應遵守。
	普遍倫理	主張普世的正義原則與倫理原則。	1.為追求正義公理，避免良心苛責而遵守規範。 2.認為故事中海因茲先生偷藥是對的，因為當我們必須在違背法律與救人性命之中做抉擇時，人命的價值應該是最高的。

資料來源：本書自行整理。

第二節　道德發展的影響因素

　　道德發展的影響因素，說明如下：（王淑芬，2005；黃志成、王淑芬，1995）

一、認知因素

　　兒童的道德發展與認知能力呈現平行發展的關係。例如智能不足的兒

童，因認知發展遲緩，常會導致兒童無法發展到自律階段。

二、情緒因素

情緒激動的兒童，往往會做出違背道德規範的行為；相反的，情緒穩定的兒童在做出任何行為前，都能仔細思考事情的對與錯。

三、經驗因素

兒童要獲得道德認知發展，必須先擺脫自我中心的性格，而最重要的途徑就是與同儕交往互動，在社會團體的經驗中習得分辨道德與不道德行為。

四、家庭因素

父母教養方式、家庭社經地位、家庭結構型態及家庭排行順序等，都會影響子女的道德發展。

五、教育因素

家庭教育或學校教育都對兒童道德發展有很大的影響，但道德教育絕不是道德灌輸，而應配合兒童的道德發展，刺激兒童自己思考，道德教育才有效。

第三節　道德發展的輔導策略

父母或教師對兒童道德行為進行輔導時，可參酌以下策略：（吳美姝、陳英進，2000）

一、賞罰分明

明確的告知兒童應遵守的規則，以及行為後果可能帶來的獎賞或處罰。當兒童表現出正向的道德行為時，應多給予鼓勵回饋；當兒童犯錯時，應指正不道德行為。

二、以身作則

應教導兒童各種待人處事的態度和規則，並以身作則，提供兒童最好的學習楷模。

三、規律生活

幫兒童安排規律的日常生活，以及正當的休閒活動，從小培養兒童學習遵守規範的良好行為與習慣。

四、道德教學

學校的道德教育不應該是教條式的道德灌輸，應加強道德的認知理解，並有身體力行的機會。

五、社會風氣

應端正社會風氣，提供兒童可以建立正確的價值觀和道德規範的環境。

六、親職教育

推行親職教育，教導父母正確教養子女道德發展的方法。

作者的叮嚀

1.道德的定義：一個人表現出符合社會的道德規範和行為規則，例如助人、誠實、仁慈等。

2.道德的內涵：（1）道德認知；（2）道德情感；（3）道德行為。

3.皮亞傑的道德發展理論三個階段：（1）無律階段（約0～4歲），自我中心且缺乏服從規範的意識；（2）他律階段（約4～8歲），能遵守成人所訂的行為規範，但不一定了解；（3）自律階段（約8～12歲），喜歡自訂規範。

4.柯爾柏格的道德發展理論：（1）排除傳統上道德分類（有無、對錯、誠實或虛偽）的觀念；（2）道德認知可以經由後天的教育培養；（3）運用「道德兩難困境」來評價道德發展。

5.柯爾柏格道德發展的三期六階段：（1）道德成規前期，包含第一階段「避罰服從取向」、第二階段「相對功利取向」；（2）道德成規期，包含第三階段「尋求認可取向」、第四階段「遵守法規取向」；（3）道德成規後期，包含第五階段「社會法制取向」、第六階段「普遍倫理取向」。

6.兒童道德發展的影響因素：（1）認知因素（例如智能發展遲緩）；（2）情緒因素（例如脾氣衝動）；（3）經驗因素（例如團體經驗）；（4）家庭因素（例如父母教養方式和社經地位等）；（5）教育因素（例如學校道德教育）。

7.道德發展的輔導策略：（1）獎懲要賞罰分明；（2）成人要以身作則；（3）安排規律生活和休閒；（4）避免教條式的道德教學；（5）端正社會風氣和環境；（6）推行父母親職教育。

自我測驗

一、選擇題

（ C ）1.小玉幫忙洗碗時，不小心將碗打破，她馬上說：「對不起，我不是故意的。」請問小玉處於下列哪一個道德發展階段？ (A)無律期 (B)他律期 (C)自律期 (D)道德實現期。

（ B ）2.關於兒童道德發展的敘述，下列何者正確？ (A)兒童的不當行為，通常屬於不道德行為 (B)根據佛洛伊德的理論，超我就是代表一個人的道德意識 (C)體罰是最有效的道德教育方式 (D)柯爾柏格認為道德成規前期的幼兒，會因為尋求認可而服從規範。

（ D ）3.關於兒童道德發展的敘述，下列何者正確？ (A)柯爾柏格認為6歲的幼兒已經有「以德報怨」的概念 (B)心理分析學派認為道德發展的歷程是由「內化」而「外制」 (C)社

會學習理論認為處罰是最有效的道德教育方式 (D)皮亞傑將道德發展區分為無律、他律、自律三個階段。

( ) 4.兒童不認為拿取他人的東西是錯誤的行為,請問他是因為缺乏下列何種概念? (A)所有權的概念 (B)生命的概念 (C)尊重的概念 (D)服從的概念。 **(A)**

( ) 5.根據柯爾柏格的道德發展理論,兒童判定行為好壞的標準,乃是根據行為後果帶來的賞罰而定,請問這是處於哪一個階段? (A)避罰服從 (B)相對功利 (C)尋求認可 (D)遵守法規。 **(A)**

( ) 6.小君認為「打破15個杯子的兒童比打破1個杯子的兒童頑皮,並應得到較嚴厲的處罰」,請問小君具有下列何種道德發展概念? (A)功利觀 (B)意向觀 (C)現實觀 (D)情境觀。 **(C)**

( ) 7.根據柯爾柏格的道德發展理論,下列何者是道德成規前期的特徵? (A)強調以德報德,以怨報怨 (B)相信好人有好報的因果關係 (C)維持良好的人際關係 (D)重視社會契約並尊重人權。 **(A)**

( ) 8.老師發現一名3歲的幼兒有偷竊行為,下列何種處理方式較適切? (A)加強教導東西所有權的概念 (B)公布姓名並告誡其他幼兒不可模仿 (C)準備幾種他所喜愛的東西引誘他,以便當場抓獲 (D)告訴他偷竊是犯法行為,請他當眾歸還所有偷竊的東西。 **(A)**

( ) 9.幼兒在下列哪一個年齡階段,會為自己犯錯找藉口以逃避責罰? (A)2～2.5歲 (B)2.5～3歲 (C)3～3.5歲 (D)3.5～4歲。 **(D)**

（　　）10.關於皮亞傑和柯爾柏格道德發展理論的比較，下列敘述何　**(D)**
　　　　　者正確？　(A)都認為道德發展與年齡有密切關係　(B)都
　　　　　認為認知發展水準會影響道德發展　(C)都認為道德發展
　　　　　有固定的順序　(D)以上皆是。

二、問答題

1. 請簡述柯爾柏格道德發展理論的三期六階段內容。

2. 教師如何協助兒童進行道德教學？

3. 你認為道德可教嗎？身為一位國小教師，面對班上兒童出現偷竊行為
　　時，你會如何處理及進行輔導？

4. 請比較皮亞傑和柯爾柏格的道德發展理論有哪些異同點？

5. 根據柯爾柏格的道德發展理論，相信「好人有好報」因果報應的兒童，
　　他的道德發展處於哪一個階段？為什麼？

歷屆考題精選

一、選擇題

（　　）1.根據皮亞傑的道德發展論，5歲的幼兒屬於哪一個階段？　**(C)**
　　　　　(A)道德前期　(B)道德成熟期　(C)他律期　(D)自律期。
　　　　　　　　　　　　　　　　　　　　　　　【1999年四技二專入學考】

（　　）2.有關皮亞傑（Piaget）和柯爾柏格（Kohlberg）對道德發　**(B)**
　　　　　展的論點，下列敘述何者錯誤？①兩人皆認為人類在同樣
　　　　　年齡達到同樣的道德水準；②兩人皆認為文化會影響個人
　　　　　的道德發展；③兩人皆認為認知發展的水準會影響道德發
　　　　　展；④兩人皆認為道德發展是由他律而後自律　(A)①③
　　　　　(B)①②　(C)②④　(D)②③。　【2000年四技二專入學考】

（　）3.有關利社會行為（prosocial behavior）的發展，下列敘述
　　何者正確？　(A)道德推理成熟的兒童會忽略別人的需求
　　(B)生長在工業化社會下的兒童較利他取向　(C)同理心和
　　利社會行為的發展會隨著年齡增長而降低　(D)高年級兒童
　　比低年級兒童更會覺得自己有責任去幫助那些需要幫助的
　　人。　　　　　　　　　　　　　　　　【2007年教師檢定考】　**(D)**

（　）4.柯爾柏格的道德發展論中，在哪一個階段，個人會以遵守
　　規範不妨礙他人為首要考量？　(A)避罰服從　(B)尋求認
　　可　(C)法制觀念　(D)維持社會秩序。　　　　　　　　　**(D)**
　　　　　　　　　　　　　　　　　　　　【2009年教師檢定考】

（　）5.就讀國小四年級的冬冬，有一天發現班上的同學明秋到便
　　利商店，不經意地拿走糖果而忘了付錢，而春華則是趁著
　　店員不注意時，刻意將糖果偷放進書包裡帶走，冬冬向老
　　師報告說兩個人都應該回去付錢，但只有春華應該受罰。
　　請問冬冬的道德推理發展是進入皮亞傑所謂的什麼階段？
　　(A)道德現實論階段　(B)道德相對論階段　(C)道德獨立階
　　段　(D)道德責任階段。　　　　　　　　【2009年教師檢定考】　**(B)**

二、問答題【解答請見附錄】

1. 請根據柯爾柏格（L. Kohlberg）的道德發展理論，說明下列五種反應，
分別處於哪一個發展階段，並敘述該階段的特質。
小靜經常因為成績不好，被父母責備。她今天沒準備好，因此，她在想
等一下考數學時要作弊。她應該作弊嗎？以下是一些個人的想法：
甲、應該，作弊得到好成績，她的父母會認為她是好女兒，以她為榮。
乙、不應該，如果她被抓到，會受到嚴厲的處分。
丙、不應該，因為作弊違反校規。

丁、不應該，因為作弊對班上其他的人是不公平的。

戊、應該，因為她若得到好成績，她的父母可能讓她去看場電影做為獎賞。　　　　　　　　　　　　　　　　　　【2006年教師檢定考】

Chapter 7

人格的發展與輔導

第一節　人格發展的意義與理論

一、人格的意義與特徵

人格的意義與特徵，說明如下：（陳惠珍，2000；張春興，2003）

（一）人格（personality），源自希臘字Persona，原意是指面具
　　　（mask）。

（二）人格是個人在對人、對己、對事物，乃至對整個環境適應時所
　　　顯示的獨特個性。

（三）人格的四項特徵

1.複雜性：是身心特質的綜合，包括體格與生理特徵、氣質、能力、
　動機、興趣、價值觀、社會態度等。

2.獨特性：每個人各有獨特的人格。

3.持續性：人格的形成會隨年齡增長而逐漸穩定。

4.統整性：在不同的時間及空間中，能相互協調，保持人格完整。

二、人格發展的主要理論

（一）佛洛伊德的性心理發展理論

佛洛伊德（Freud）重要主張，說明如下：（吳錦惠、吳俊憲，
2011；張欣戊、林淑玲、李明芝譯，2010；張春興，2003）

1.人格結構的三種成分

（1）本我（id）：唯樂原則。

（2）自我（ego）：現實原則。

（3）超我（superego）：道德原則。

2.兩項假定

（1）人有兩種基本的心理動機：性慾（libido，或稱性衝動）和攻擊。

（2）不為意識所接受的心理活動，會被壓抑在潛意識的精神領域。

3.教育主張

（1）早年生活經驗會影響日後的人格發展和生活適應。

（2）人心是各種生物力量與本能互動的結果。

（3）早年母子關係是影響子女人格發展與心理健康的關鍵。

（4）兒童的成熟須經過「分離—個別化」的歷程。

4.佛洛伊德的五個人格發展階段說

佛洛伊德提出五個人格發展階段，內容說明如下：（見表11）

（1）口腔期（oral stage）

0～1歲，嬰兒活動以口腔為主，嬰兒從吸乳及吮指獲得滿足。嬰兒
的口腔活動如獲得滿足，長大後的性格會比較開放、樂觀及慷慨；若受
到過多限制，可能會產生悲觀、依賴、被動、退縮、猜忌及仇視他人等性
格。

（2）肛門期（anal stage）

1～3歲，幼兒由肛門糞便的排泄及積留獲得快感。此時父母開始對
幼兒實施大小便習慣的訓練，幼兒必須學習控制自己，而犧牲部分的快樂
和滿足。如果大人的訓練過於嚴格，幼兒可能會發展出冷酷、無情、頑固
及吝嗇等性格，如果幼兒訓練成功得到誇獎，可能變成富有創造性及工作
效率的性格。

（3）性器期（phallic stage）

3～6歲，兒童經常喜歡以手撫摸自己的性器官來引起快感。此時男
孩會愛戀母親（戀母情結），女孩會愛戀父親（戀父情結），同性親子關
係會因為爭寵而變得緊張或敵對。最後，兒童為了害怕同性父母的報復，
會轉而認同同性的父母，學習他們的價值觀與人格特質，並發展其適當的

表11 佛洛伊德的人格發展階段重點

年　齡	名　稱	重　點
0～1歲	口腔期	口腔滿足
1～3歲	肛門期	自我控制
3～6歲	性器期	性別認同
6～11歲	潛伏期	同性遊伴
12歲以上	兩性期	異性相吸

資料來源：本書自行整理。

性別角色。

（4）潛伏期（latency stage）

6～11歲，兒童會開始壓抑在性器期所產生的焦慮及性衝動，並將注意力轉向學業及玩樂。隨著兒童在學校習得更多問題解決的能力，並內化社會的價值，自我與超我獲得進一步發展。此時，男女兒童在遊戲或團體活動中，多喜歡與同性者玩在一起。

（5）兩性期（genital stage）

12歲以後進入青春期，由於生理上的變化，使個體產生與異性接觸的強烈欲望，於是年齡相仿的男女開始互相吸引，喜歡參加兩性互動的活動，而且在心理上逐漸發展成熟。

（二）艾瑞克森的心理社會發展理論

艾瑞克森（Erikson）重要主張，說明如下：（張春興，1994）

1.重視個體的心理社會發展歷程

他主張個人在一生的發展，乃透過與社會環境互動而形成。

2.人生從出生到終老區分為八個發展階段

在每個發展階段，都會因為個人身心發展與社會文化的要求不同，而遭遇到一些心理社會危機；但危機也是轉機，進而幫助個人發展出更好的適應能力及成長，並順利進入下一個階段（見表12）。

3.人格發展與父母的教養密切相關

在青春期以前的人格發展，與父母的管教、教養及關愛程度有密不可分的關係。

表12 艾瑞克森的人格發展階段重點

年　齡	心理社會危機	重大事件及社會影響
0～1歲	信任vs.不信任	1.嬰兒必須學會信任照顧者來滿足需求。 2.主要照顧者是推動發展的社會動力。
1～3歲	自主vs.羞怯	1.幼兒必須學會自主，能自己穿衣、吃飯、自理大小便等，否則會產生羞愧和懷疑自己。 2.父母是推動發展的社會動力。
3～6歲	自動vs.退縮	1.兒童開始學大人的意見，但有時想做的事會跟父母或家人產生衝突，衍生罪惡感。 2.需要在自發性與他人利益之間取得平衡。
6～12歲	勤奮vs.自卑	1.兒童必須學習課業及社會技巧，會跟其他同伴比較。 2.兒童因為勤奮而獲得學業及社會技巧，會變得有自信；反之，會產生自卑。 3.老師和同儕是推動發展的社會動力。
12～20歲 （青少年）	自我統合vs.角色混亂	1.此階段是兒童與成人的過渡期，青少年常問「我是怎麼樣的人？」必須建立自我統合，否則會產生角色混亂。 2.同儕團體是推動發展的社會動力。
20～24歲 （年輕人）	友愛vs.孤僻	1.此階段目標為建立友情和愛情，如果失敗就會產生孤立狀態。 2.配偶、異性與同性的親密朋友，是推動發展的社會動力。
40～65歲 （中年人）	精力vs.頹廢	1.此階段個人的事業與工作達到高峰，並要負起養育下一代的責任。個人若無法達到目標，就會變成生命停滯、自我中心。 2.配偶、孩子及文化規範是推動發展的社會動力。

（續下頁）

年　齡	心理社會危機	重大事件及社會影響
65歲以上 （老年）	完美無缺vs.悲觀失望	1.老年人回顧一生會覺得活得快樂、有意義，或覺得浪費一生。 2.個人一生的經驗，尤其是社會經驗，決定了一生最後的結果。

資料來源：修訂自張欣戊、林淑玲、李明芝譯（2010）。

（三）比較佛洛伊德與艾瑞克森的人格發展理論

1.相同點

（1）都強調兒童早期經驗對人格影響的重要性。

（2）人格發展理論都呈現階段性和連續性。

（3）人格發展的每個階段都有關鍵期與發展危機。

2.相異點

可以從研究對象、發展階段、發展動力及教育涵義加以區分，說明如下：（見表13）

表13　佛洛伊德與艾瑞克森的人格發展階段比較

比　較	佛洛伊德	艾瑞克森
研究對象	異常人	正常人
人格發展階段	五階段： 1.口腔期 2.肛門期 3.性器期 4.潛伏期 5.兩性期	八階段： 1.信任與不信任期 2.自主與羞怯期 3.自動與退縮期 4.勤奮與自卑期 5.自我統合與角色混亂期 6.友愛與孤僻期 7.精力與頹廢期 8.完美無缺與悲觀失望期
人格發展動力	性慾衝動	自我的成長與社會的要求

（續下頁）

比　較	佛洛伊德	艾瑞克森
教育涵義	需重視兒童早年的感情經驗，及早疏導性慾的衝動。	需幫助兒童自我成長並能將所遇到的心理社會危機變成轉機，以適應社會變遷。

資料來源：本書自行整理。

三、防衛機轉對人格發展的影響

（一）意義

1.防衛機轉（defense mechanism）是指個體從生活經驗中，學到適應挫折與減低焦慮的自我保護行為，又稱「自我防衛機轉」，因為是在「自我」（ego）中運作。

2.具有保護及增強自我的功能，適當的運用防衛機轉有助於心理健康及人格的健全發展，但如果把它當成逃避現實的手段，常會因此造成人格的偏差，導致異常行為及心理疾病的發生。

（二）防衛機轉的方式

常見的防衛機轉方式有：潛抑、否定、投射、退化、轉移、認同、反向、合理化、補償、昇華，內容說明見表14。（陳惠珍，2000）

四、兒童人格測驗

兒童人格測驗的方法，說明如下：（陳惠珍，2000）

（一）自陳測驗

1.編製問題讓受試者依據自己的想法作答，再據以分析人格特質。

表14　防衛機轉的方式

類型	意　義	舉　例
潛抑	潛意識裡的內心衝突，不知不覺的影響到日常行為。	例如不願回想起地震的恐懼，但生活中稍有風吹草動，就以為又發生地震了。
否定	明明已經發生的事，卻認為根本沒發生過，是一種鴕鳥心態。	例如父母對子女抱有高期待，可能會拒絕承認子女能力不足以達到要求。
投射	會用自己的想法去揣度他人的想法；或擔心他人發現自己的缺點，所以先下手為強，把別人的缺點批評一番。	例如自己動手打人，卻先跟大人說是別人打他。
退化	遇到挫折時，表現出比較幼稚的反常行為。	例如6歲兒童在弟弟出生後，開始出現尿床、咬指甲等行為。
轉移	想要發洩衝動或怒氣到某個對象上，卻因為打不贏而轉移到另一個安全的對象上。	例如一個兒童在學校被欺負，於是回家打妹妹出氣。
認同	把他人的價值觀或行為，轉化為自己的標準。	例如兒童常想像自己是卡通裡的超人英雄。
反向	壓抑住自己的慾望，在潛意識裡又怕他人察覺自己的念頭，於是做出來的行為與內心想法正好相反，就像「此地無銀三百兩」的例子。	例如喜歡過分炫耀自己引人注意，可能是因為內心自卑作祟。
合理化	遇到挫折時，為了維護自尊、減低焦慮，而為自己的行為找到一個合理的解釋。	例如成績不及格，就抱怨說是老師評分不公平；是一種酸葡萄、甜檸檬心理。
補償	在某一方面失敗而失去自信時，在另一方面努力追求成功以滿足需求的心理歷程。	例如個子矮小的人無法在運動場上得到成就，就轉向在學業上加倍努力。
昇華	把不被社會接受的慾望或本能，加以改變。	例如一個兒童很生氣想打人，但又知道打人是不被允許的，於是選擇將憤怒發洩於畫圖上。

資料來源：本書自行整理。

2.常見的自陳測驗有：塞士通性格測驗、愛德華個人興趣量表等。

（二）投射測驗

1.幼兒的人格測驗主要是以投射測驗為主。

2.設計一些結構鬆散、曖昧不明的測驗題目，讓受試者做自由反應，然後將個人的內在動機、需求、性格、態度投射出來，主要有二種：

（1）羅夏克墨漬測驗

　　①瑞士精神病學家羅夏克（Rorschach）在1921年編製完成。

　　②本測驗包括10張墨漬卡片，測驗時依照卡片順序提供給受試者，讓他自由想像及描述，再按照回答內容及聯想情形加以分析，推測他投射出來的心理特質。

（2）主題統覺測驗（TAT）

　　①美國莫瑞（Murry）在1935年共同編製完成。

　　②本測驗包括30張印有人物風景及內容曖昧的圖片，測驗性質看圖說故事，讓受試者依圖片內容自由想像，並編造一個與生活經驗相關的故事，然後分析故事情節以了解他的心理特質。

（三）情境測驗

主試者布置一個情境，讓受試者在情境中從事活動，然後觀察反應，以了解他的人格特質。

第二節　人格發展的影響因素

人格發展的影響因素，說明如下：（陳惠珍，2000）

一、個人因素

（一）遺傳

　　精神疾病或人格異常可能會遺傳給下一代。另外，同卵雙生子的人格特質相似度，高於異卵雙生子。

（二）內分泌

　　內分泌失調，會影響到個體的外貌、體格、性格、智力，例如甲狀腺素分泌過多會造成興奮好動、心神不寧。

（三）智力

　　智力高的兒童常表現出正向人格特質，智力低者容易表現挫折、自卑的個性。

（四）健康

　　健康的兒童常表現出正向人格特質，體弱多病或身體障礙的兒童容易表現挫折、自卑的個性。

（五）體型

　　體型與人格特質有密切關係，例如偏肥胖的人大都性格隨和，偏高瘦的人大都性格內向，健壯的人大都個性坦率、好冒險。

二、家庭因素

（一）早年經驗

嬰兒時期如果得不到父母的關愛和照顧，容易形成人格缺陷。

（二）教養態度

父母的教養方式偏向民主開明，比較能促使子女獨立、情緒穩定，人格獲得正向發展。

（三）家庭氣氛

父母感情良好，親子關係親密，兄弟姐妹相處和諧，能幫助兒童人格正向發展。

（四）出生順序

長子和獨子比較會表現出依賴的個性，幼子比較任性。

三、學校因素

（一）教師特質

教師是兒童認同及模仿的對象，教師人格特質會直接影響兒童的人格發展。

（二）教學態度

教師採民主開放的教學態度，有助於兒童人格正向發展。

（三）教學方法

教師的教學方法採啟發式、兒童本位方式，比較能引導兒童人格正向發展。

四、社會文化因素

各地風俗習慣、道德規範及價值觀的不同，會直接或間接的影響兒童人格發展。

第三節　人格發展的輔導策略

兒童人格發展的輔導策略，說明如下：（陳惠珍，2000；黃志成、王淑芬，1995）

一、兒童早期提供良好的生活經驗

人格發展的起點在於嬰兒與母親有良好的依附關係，因此，母親的餵奶、愛撫嬰兒、溫暖態度及良性的遊戲互動，有助於人格的正向發展。

二、健全的心理寓於健康的身體

健全的人格發展有賴於健康的身體，成人應提供兒童營養的食物，提供適當的遊戲及活動，以鍛鍊兒童體能，增進身體健康。

三、良好生活習慣才有健康的身心

（一）擴充兒童生活經驗，帶領兒童多接觸大自然，以陶冶性情，增
　　　廣見聞。

（二）培養兒童多方面的興趣，並提供音樂、美術、勞作、表演等藝
　　　術活動，以培養優美情操。

（三）父母與教師採取合理的管教方式，提供良好的人格示範。

（四）培養良好的心理習慣，如獨立自主、樂觀自信、合群守法等。

（五）父母與教師了解兒童成長需求，並營造和諧的家庭氣氛及學習
　　　環境。

四、培養分辨是非的觀念及溝通能力

　　教導兒童分辨是非時應該明確肯定，成人更應以身作則，讓兒童在潛移默化中學習。另外，成人應提供語言學習與溝通互動的環境，並養成閱讀的能力和習慣。

作者的叮嚀

1. 人格的意義：是指個人在對人、對己、對事物乃至對整個環境適應時，所顯示的獨特個性。

2. 人格的四項特徵：（1）複雜性；（2）獨特性；（3）持續性；（4）統整性。

3. 人格發展的主要理論：（1）佛洛伊德的性心理發展理論；（2）艾瑞克森的心理社會發展理論。

4. 佛洛伊德主張人格結構有三種成分：（1）本我（唯樂原則）；（2）自我（現實原則）；（3）超我（道德原則）。

5.佛洛伊德的人格發展理論有兩項假定：（1）性慾和攻擊是人類的兩種基本心理動機；（2）人類具有潛意識的心理活動。

6.佛洛伊德的五個人格發展階段：（1）口腔期；（2）肛門期；（3）性器期；（4）潛伏期；（5）兩性期。

7.戀父情結、戀母情結：依據佛洛伊德的人格發展理論，幼兒在3～6歲時，經常喜歡以手撫摸自己的性器官來引起快感，此時男孩會愛戀母親，稱為戀母情結。反之，女童愛戀父親則稱為戀父情結。

8.艾瑞克森心理社會發展理論的重要觀點：（1）人格發展乃是與社會環境互動而形成的；（2）人生共有八個人格發展階段，每個階段都有心理社會危機；（3）人格發展與父母的教養及關愛密不可分。

9.艾瑞克森人格發展理論的八個階段：（1）信任vs.不信任（0～1歲）；（2）自主vs.羞怯（1～3歲）；（3）自動vs.退縮（3～6歲）；（4）勤奮vs.自卑（6～12歲）；（5）自我統合vs.角色混亂（12～20歲）；（6）友愛vs.孤僻（20～24歲）；（7）精力vs.頹廢（40～65歲）；（8）完美無缺vs.悲觀失望（65歲以上）。

10.比較佛洛伊德與艾瑞克森人格發展理論的相同點：（1）都強調兒童早期經驗對人格的重要性；（2）人格發展都呈現階段性和連續性；（3）人格發展的每個階段都有關鍵期與發展危機。

11.防衛機轉的意義：（1）是個人從生活經驗中學到適應挫折與減低焦慮的自我保護行為；（2）適當的運用防衛機轉，有助於心理健康及人格健全，若拿來當做逃避現實的手段，會容易造成人格偏差、異常行為及心理疾病。

12.常見的防衛機轉方式有：潛抑（潛意識的內心衝突）、否定

（鴕鳥心態）、投射、退化、轉移、認同、反向（此地無銀三百兩）、合理化（酸葡萄、甜檸檬心理）、補償、昇華。

13. 兒童人格測驗的方法：（1）自陳測驗；（2）投射測驗；（3）情境測驗。

14. 自陳測驗：（1）編製問題讓受試者依據自己的想法作答，再據以分析人格特質；（2）常見的有「塞士通性格測驗」、「愛德華個人興趣量表」。

15. 投射測驗：（1）設計一些結構鬆散、曖昧不明的測驗題目，讓受試者做自由反應，然後將個人的內在動機、需求、性格、態度投射出來；（2）常見的有「羅夏克墨漬測驗」、「主題統覺測驗」。

16. 情境測驗：主試者布置一個情境，讓受試者在情境中從事活動，然後觀察反應，以了解他的人格特質。

17. 兒童人格發展的影響因素：（1）個人因素；（2）家庭因素；（3）學校因素；（4）社會文化因素。

18. 兒童人格發展的輔導策略：（1）兒童早期提供良好的生活經驗與依附關係；（2）提供兒童營養的食物及適當的遊戲活動；（3）養成良好生活習慣及學習興趣；（4）營造和諧的家庭氣氛及學習環境；（5）培養分辨是非的觀念及溝通能力。

自我測驗

一、選擇題

( ) 1.「認同同性父母」是佛洛伊德人格發展理論哪一個發展階段的主要任務？ (A)口腔期 (B)肛門期 (C)性器期 (D)潛伏期。 **(C)**

( ) 2.根據佛洛伊德人格發展理論，下列哪一項敘述是正確的？ (A)本我是「現實原則」 (B)自我是「唯樂原則」 (C)超我是「道德原則」 (D)人格以本我及自我比較重要。 **(C)**

( ) 3.根據佛洛伊德人格發展理論，「戀母情結」通常出現在哪一個發展階段？ (A)口腔期 (B)肛門期 (C)性器期 (D)潛伏期。 **(C)**

( ) 4.根據艾瑞克森心理社會發展理論，2歲半的幼兒面臨下列何種發展危機？ (A)信任與不信任 (B)自主與羞怯 (C)自動與退縮 (D)勤奮與自卑。 **(B)**

( ) 5.有一個幼兒獨占所有玩具，不肯讓其他幼兒一起玩，還向大人告狀：「他們都不肯讓我玩玩具」，請問這是屬於何種防衛機轉？ (A)投射作用 (B)反向作用 (C)認同作用 (D)補償作用。 **(A)**

( ) 6.影響一個人人格發展最深遠的原因為何？ (A)個人的生理狀況 (B)個人的家庭因素 (C)個人接受學前的教育機構 (D)個人所生活的社會文化。 **(B)**

( ) 7.兩個幼兒在爭搶一個洋娃娃，結果不小心把洋娃娃扯壞了，其中一個幼兒說：「都是因為你跟我搶，才把洋娃娃弄壞的！」請問這是屬於何種防衛機轉？ (A)反向作用 (B)代替作用 (C)合理化 (D)轉移作用。 **(C)**

（　　）8.根據艾瑞克森心理社會發展理論，成人應如何輔導處在 **(B)**
「自主與羞怯」發展階段中的幼兒？　(A)在餵食上儘量滿
足　(B)在適度的範圍內鼓勵幼兒獨立　(C)接納幼兒的同
儕　(D)應該限制幼兒行動，避免受到意外傷害。

（　　）9.根據佛洛伊德人格發展理論，下列哪者是影響兒童日後人 **(D)**
格發展、生活適應及心理健康的主要因素？　(A)遺傳
(B)體型　(C)家庭社經地位　(D)早期生活經驗。

（　　）10.兒童大約在5～7歲左右，學到自己將永遠是男性或女性， **(B)**
不會因為長大而改變，這是下列何種概念？　(A)性別刻
板　(B)性別保留　(C)性別配合　(D)性別模糊。

二、問答題

1. 請說明國小兒童人格發展的特徵、影響因素與輔導策略。
2. 請說明艾瑞克森心理社會發展理論一至三階段（0～6歲）的重要主張，
　 然後據以分析臺灣外傭照顧兒童可能產生的影響。
3. 何謂「防衛機轉」？試說明三種並舉例說明之。
4. 兒童人格測驗的方法中有一種「投射測驗」，請簡略說明該測驗的意
　 義，並舉一個你比較熟悉的投射測驗加以說明。
5. 佛洛伊德將人格分為三種結構，請簡述其內容。

歷屆考題精選

一、選擇題

（　　）1.艾瑞克森認為3～6歲，是哪一種人格特質發展的關鍵期？ **(C)**
(A)信任與不信任　(B)自主與羞恥　(C)主動與內疚　(D)勤

奮與自卑。　　　　　　　　　　　　　【2000年四技二專入學考】

（　）2.王小明心裡很忌妒陳小東畫圖畫得比他好，卻常常對老師　**(D)**
說小東很忌妒他。這個現象是佛洛伊德所提出的心理防衛
機制中的哪一種？　(A)壓抑　(B)昇華　(C)反向　(D)投
射。　　　　　　　　　　　　　　　　　【2001年普考】

（　）3.3～6歲幼兒的人格發展屬於下列何種性心理發展階段？　**(D)**
(A)口腔期　(B)肛門期　(C)兩性期　(D)性器期。
　　　　　　　　　　　　　　　　【2002年四技二專入學考】

（　）4.根據佛洛伊德的人格發展理論，構成初生嬰兒人格的組成　**(B)**
成分，主要為下列何者？　(A)劣我　(B)本我　(C)自我
(D)超我。　　　　　　　　　　　【2003年四技二專入學考】

（　）5.處於佛洛伊德所主張的性器期的幼兒，正面臨艾瑞克森所　**(C)**
主張的何種人格發展任務？　(A)信任與不信任　(B)自主
與懷疑　(C)主動與內疚　(D)勤奮與自卑。
　　　　　　　　　　　　　　　　【2003年四技二專入學考】

（　）6.關於佛洛伊德的性心理發展階段，下列排序何者正確？　**(A)**
(A)口腔期→肛門期→性器期→潛伏期→生殖期　(B)口腔
期→性器期→生殖期→潛伏期→肛門期　(C)口腔期→潛伏
期→性器期→肛門期→生殖期　(D)口腔期→肛門期→生殖
期→潛伏期→性器期。　　　　　　【2005年教師檢定考】

（　）7.根據艾瑞克森的理論觀點，國小學童的人格發展階段應屬　**(B)**
於下列何者？　(A)活潑自動對羞愧懷疑　(B)勤奮進取對
自貶自卑　(C)友愛親密對孤獨疏離　(D)自我統合對角色
混淆。　　　　　　　　　　　　　【2007年教師檢定考】

（　）8.「一位兒童受到父母不人道的暴力而造成傷害後，他卻認　**(A)**
為自己未受任何傷害。」根據精神分析論的觀點，這位受

虐兒童可能採用下列何種自我防衛轉機？　(A)否認作用
(B)壓抑　(C)反向　(D)理由化。　　【2007年教師檢定考】

二、問答題【解答請見附錄】

1. 對於嬰幼兒時期的教養，父母與教保人員為什麼需要給予撫摸、擁抱、
   關愛、安慰和激勵，這些做法對嬰幼兒的情緒發展和人格發展有何助
   益？　　　　　　　　　　　　　　　　　【2003年地方三等考試】

Chapter **8**

智力的發展與輔導

本章學習重點

第一節　智力的定義與理論

一、智力的定義

智力的定義，說明如下：（張春興，1994；黃志成、王淑芬，1995）

（一）綜合性定義

智力（intelligence）是一種綜合性的心理能力，由個體先天能力（遺傳）與後天環境（適應）交互作用所產生的能力。

（二）概念性定義v.s.操作性定義

1.概念性定義

傾向於天賦的潛在能力，較無法測量。

（1）適應環境的能力：智力高者，到新環境比較能隨機應變。

（2）學習知識的能力：智力高者，學習速率快，學習效果佳。

（3）抽象思考的能力：智力高者，能運用抽象思考來解決問題。

2.操作性定義

運用智力測驗所測得的能力，即智力商數（intelligence quotient, I.Q.）。

（三）相關概念釐清

1.智力不是智慧（wisdom），也不等同於智商。前者屬於社會歷練，後者只是代表智力的一種指標。

2.智力不代表創造力，高智力者未必有高創造力，高創造力者至少必

須具備中等以上的智力。

3.不應過度相信智力與學業成就之間的關聯性。

二、智力的理論

探討智力的理論，包括二因論、多因論、群因論、結構論、智力三元論、多元智能理論等，說明如下：（張春興，1994）

（一）二因論

英國心理學家斯皮爾曼（Sperman）在1927年倡導，認為智力結構有二個因素：

1.普通因素（general factor）

個人的普通能力。

2.特殊因素（special factor）

個人的某些特殊能力，例如音樂、美術能力等。

卡特爾（Cattell）在1957年提出智力的組成，有兩種因素：

1.晶體智力（crystallized intelligence）

受後天學習因素影響較大的智力，多半經由語文詞彙及數理知識的記憶加以表現；或是指個人具有的知識與使用知識的能力。

2.流動智力（fluid intelligence）

受先天遺傳因素影響較大的智力，多半經由對空間關係的認知、機械式記憶、對事物判斷反應速度等方面加以表現；或是指能夠洞悉複雜關係與解決問題的能力。

（二）多因論

以桑代克（Thorndike）為代表，認為智力是由許多不同的能力所組

成，可分為三類：

1.抽象的智力

理解與運用數學符號的能力。

2.機械的智力

運用感官與肢體動作從事工具操作的能力。

3.社會的智力

處理人際關係的能力。

（三）群因論

美國心理學家塞斯通（Thurstone）倡導，認為智力包括七種基本能力：

1.語文理解能力。

2.語詞流暢能力。

3.數字運算能力。

4.空間辨識能力。

5.聯想記憶能力。

6.知覺速度能力（快速區辨事物的異同）。

7.一般推理能力。

（四）結構論

美國心理學家吉爾福德（Guilford）在1959年倡導。他將智力結構分為思維內容（引發思考的材料）、思維運作（進行思考的心理活動）、思維產物（整理思考的結果）三個向度的立方體，等於智力是由180種不同能力所組成。

1.思維內容

包括視覺、聽覺、符號、語意、行動五項行為。

2.思維運作

包括評鑑、聚斂思考、擴散思考、長期記憶、短期記憶、認知。

3.思維產物

包括單位、類別、關係、系統、轉換、涵義。

（五）智力三元論

美國心理學家斯頓柏格（Sternberg）在1984年倡導。他認為智力由三類不同能力所組成，每類智力又各自包括數種不同的能力。

1.組合智力

認知過程中對訊息的有效處理，又包括後設認知、吸收新知及智能表現的能力。

2.適應智力

適應環境變化以達到生活目的之實用性智力，又包括適應能力、改變能力及選擇能力。

3.經驗智力

個人認知自己的經驗而達到目的之能力，又包括經驗運用和經驗改造的能力。

（六）多元智能理論

嘉納（Gardner）認為每個人具有八種以上的智能，包括語言、空間、邏輯數學、身體動覺、音樂、社會人際、內省、自然觀察，內容說明見表15。

三、兒童智力測驗

兒童智力測驗的發展及類型，說明如下：（張春興，1994）

表15 多元智能的內涵與教學方式

類型	特　性	教學方式
語文	善用文字與語言，對文字與語言的聲音、意義、結構及韻律具敏感性。	閱讀、錄音帶、寫作、對話、討論、辯論及說故事。
空間	能準確感覺與辨識視覺空間，善用意象、表格、圖畫及隱喻。	設計、繪圖、藝術、樂高積木、電影、幻燈片、想像遊戲、迷宮、圖畫。
數理	有效運用數字與推理，具邏輯、計算及抽象思考能力。	實驗、探索、思考、操作、計算、邏輯、參觀科技館。
體能	善用身體表達想法與感覺，用雙手生產及改造事物，手眼協調、動作靈活。	角色扮演、動手操作、體育、肢體遊戲、觸覺經驗、舞蹈、參觀。
音樂	察覺、辨識及表達音樂的能力，對節奏、音調、旋律、音色及感情具敏感性。	唱遊、樂器、音樂會、彈奏樂器。
社交	察覺並區分他人情緒、動機及感覺的能力，對他人臉部表情、聲音、手勢、人際互動具敏感性。	團體遊戲、社交聚會、社會服務。
自知	認識自我，並能選擇自己生活方向。	自我調整、寫日記、反思。
自然觀察	能觀察與認識動植物及自然的能力。	觀察、旅行、參觀、種植、飼養動物、採集標本。

資料來源：本書自行整理。

（一）心理計量階段

高爾頓（Galton）用感官的敏銳度，來推估智力的高低。

（二）心理年齡階段：比西量表

比奈（Binet）和西蒙（Simon）編製世界第一個智力測驗，用來測量3～18歲兒童的普通能力。

（三）比率智商階段：斯比量表

1.美國斯丹福大學心理學家推孟（Terman）在1916年，將比西量表修

訂為「斯比量表」，改採「智商」的觀念來表示智力的高低，又稱為比率智商。

2.Ratio I.Q.=心理年齡（M.A.）÷實足年齡（C.A.）×100，例如：有一個實足年齡5歲2個月的幼兒，如以月為單位計算，C.A. = 62，經過幼兒智力測驗後得到的分數為6歲2個月，M.A.=74，該名幼兒的智力商數為：I.Q.=（M.A.÷C.A.）×100=（74÷62）×100 = 119。

（四）離差智商階段：魏氏智力量表

1.由美國心理學家魏克斯勒（Wechsler）所倡導。

2.最廣泛應用的有三種

（1）魏氏學前智力量表：適用4～6.5歲的學前幼兒，分為語言量表和作業量表兩部分。

（2）魏氏兒童智力量表：適用7～16歲的兒童。

（3）魏氏成人智力量表：適用16歲以上的成人。

3.魏氏採用離差智商（Deviation I.Q.），根據常態分配的概念，將智力測驗測得的分數換算為標準分數（Z分數），然後再看受測者的得分離開平均數（X）的距離有幾個標準差（S.D.），來判定他的智力高低。

第二節　智力發展的影響因素

一、遺傳

遺傳與智力發展之間具有高度的相關性。

二、環境

（一）母胎環境

母親在懷孕期間注意營養、衛生及胎教，有助於胎兒的智力發展。

（二）家庭環境

包括父母的教育程度、父母職業、教養方式、家庭社經地位、居家空間及家人關係等，都對幼兒智力發展有影響，其中以父母教養態度及方式影響最大。

（三）學校環境

包括教師的教學方式、教學態度、教材內容及學校設施等。

（四）社區環境

包括社區的社經水準、社區環境、社區裡可供學習的設施等。

三、交互作用

大部分的人認為，智力是由遺傳與環境交互作用下的結果。

第三節　智力發展的輔導策略

智力發展的輔導策略，說明如下：（陳幗眉、洪福財，2001）

一、發展動作及訓練感官

提供兒童大量的動作練習機會，不要過多的限制和約束，當兒童的動作行為有好的表現時，要給予鼓勵及增強，如此有助於發展兒童智力。另外，訓練感官機能，也有利於提高兒童對事物的認知能力。

二、提供均衡的營養

提供兒童豐富且均衡的營養，除了增進兒童身體健康，也有利於兒童智力的正常發展。因此，要導正兒童偏食、吃零食的不良習慣，避免營養不良或營養過剩而造成發育不良。

三、提供適當的刺激

提供兒童豐富的學習環境，有利於激發兒童對周遭環境的興趣，並發展正常的智力。

四、提供適性的教育

（一）智力優異兒童的教育

針對智力顯著超過同齡兒童平均程度的兒童（I.Q.在130以上），要增強生活自理能力及社會適應能力，學習份量不可負擔過重或揠苗助長。

（二）智力不足兒童的教育

針對智力在平均程度以下（智商低於兩個標準差）且有適應行為困難的兒童，應根據遲緩程度的差異，除了提供適性教育外，還應加強身體保

健及感官訓練，提高認知水準、社會適應和生活自理能力，並多給予關注及鼓勵，提高自信心和進取精神。

作者的叮嚀

1. 智力的綜合性定義：智力是一種綜合性的心理能力，由個體先天能力（遺傳）與後天環境（適應）交互作用所產生的能力。

2. 智力的概念性定義：智力是一種天賦的潛力，包括適應環境、學習知識及抽象思考的三種能力。

3. 智力的操作性定義：智力是運用智力測驗所測得的能力，即智力商數（I.Q.）。

4. 智力的理論：二因論、多因論、群因論、結構論、智力三元論、多元智能理論等。

5. 斯皮爾曼倡導智力二因論：（1）普通因素（G因素）；（2）特殊因素（S因素），是指音樂、美術等特殊才能。

6. 卡特爾倡導智力二因論：（1）晶體智力，是指受後天學習因素影響較大的智力，例如語文詞彙及數理知識的能力；（2）流動智力，是指受先天遺傳因素影響較大的智力，例如空間關係的認知能力、對事物判斷反應速度的能力。

7. 桑代克倡導智力多因論：（1）抽象的智力；（2）機械的智力；（3）社會的智力。

8. 塞斯通倡導智力群因論：（1）語文理解能力；（2）語詞流暢能力；（3）數字運算能力；（4）空間辨識能力；（5）聯想記憶能力；（6）知覺速度能力；（7）一般推理能力。

9. 吉爾福德倡導智力結構論：（1）智力是思維內容、思維運作、思維產物三個向度的立方體；（2）智力是由180種不同能力所組成。

10. 斯頓柏格倡導智力三元論：（1）組合智力，包括後設認知、吸收新知及智能表現的能力；（2）適應智力，包括適應能力、改變能力及選擇能力；（3）經驗智力，包括經驗運用和經驗改造的能力。

11. 嘉納倡導多元智能理論：每個人具有八種以上的智能，包括語言、空間、邏輯數學、身體動覺、音樂、社會人際、內省、自然觀察等。

12. 兒童智力測驗的發展及類型：（1）心理計量階段——感官的敏銳度；（2）心理年齡階段——比西量表；（3）比率智商階段——斯比量表；（4）離差智商階段——魏氏智力量表。

13. 比西量表：比奈和西蒙所編製的世界第一個智力測驗，用來測量3～18歲兒童的普通能力。

14. 斯比量表：推孟修訂比西量表成為「斯比量表」，改採「智商」的觀念來表示智力的高低，又稱為比率智商。

15. 比率智商的計算方式：Ratio I.Q.=心理年齡（M.A.）÷實足年齡（C.A.）×100。

16. 魏氏智力量表：（1）魏克斯勒所倡導；（2）最廣泛應用的有「魏氏學前智力量表」、「魏氏兒童智力量表」、「魏氏成人智力量表」三種；（3）採用離差智商（Deviation I.Q.）的計算方式來判定一個人智力的高低。

17. 智力發展的影響因素：（1）遺傳；（2）環境；（3）兩者的交互作用。

18. 智力發展的輔導策略：（1）發展兒童的動作及訓練感官機能；（2）提供均衡的營養及身體保健；（3）提供適當的學習刺激及環境；（4）提供適性的教育。

19.智力不足兒童的教育與輔導：（1）對象是智商低於兩個標準差
且有適應行為困難的兒童；（2）提供適性教育，並加強身體保
健及感官訓練；（3）提高認知水準、社會適應及生活自理能
力；（4）平時多給予關注及鼓勵，提高自信心和進取精神。

自我測驗

一、選擇題

(C) 1.大雄的實足年齡是4歲，測得的心理年齡是5歲6個月，請問大雄的智力商數為何？ (A)90 (B)115 (C)138 (D)145。

(D) 2.根據斯比量表的智力商數計算方式，一個4歲幼兒，可以達到6歲幼兒的程度，其智力商數為多少？ (A)80 (B)100 (C)120 (D)150。

(D) 3.下列何者是從生物學的觀點來定義「智力」？ (A)智力是抽象思考的能力 (B)智力是學習的能力 (C)智力是智力測驗的結果 (D)智力是個體適應環境的能力。

(B) 4.世界上第一份智力測驗為何？ (A)魏氏兒童智慧量表 (B)比西量表 (C)古氏畫人測驗 (D)瑞文氏非文字測驗。

(C) 5.下列何者不是智力的定義？ (A)適應能力 (B)學習能力 (C)考試能力 (D)抽象思考能力。

(D) 6.下列何者屬於團體智力測驗？ (A)魏氏兒童智慧量表 (B)比西量表 (C)古氏畫人測驗 (D)瑞文氏非文字測驗。

（　　）7.智力低能通常是指智商在多少以下？　(A)70　(B)90　**(A)**
(C)100　(D)120。

（　　）8.古氏畫人測驗是一項何種測驗？　(A)智力　(B)人格　(C)　**(A)**
概念　(D)創造力。

（　　）9.資優兒童的智力大約在多少以上？　(A)90　(B)110　**(C)**
(C)130　(D)150。

（　　）10.可教育性（輕度）智能不足，其智力大約在多少以下？　**(C)**
(A)25　(B)25～50　(C)50～70　(D)70～90。

二、問答題

1. 請試著區分智力、智慧及創造力三者之間的關係？

2. 根據嘉納的多元智能理論，請說明教師的教學方式與評量可以怎麼做？

3. 請說明家庭環境中有哪些因素，會影響兒童的智力發展。

4. 針對智力優異兒童的教育，學校與家長應有哪些輔導作為。

歷屆考題精選

一、選擇題

（　　）1.林老師發現小威有學習困難，就把小威轉介給心理師，心　**(C)**
理師利用智力測驗評估他的認知能力。下列何者是這位心
理師的評估方式？　(A)因素分析　(B)精神分析　(C)心理
計量　(D)結構分析。　　　　　　　　【2007年教師檢定考】

（　　）2.個人在解決問題時會思考不同的解決方法，這種思考是什　**(B)**
麼？　(A)聚斂性思考　(B)擴散性思考　(C)經驗性思考
(D)想像力思考　　　　　　　　　　　　　【2004年普考】

（　　）3.有關魏氏兒童智力測驗（WISC）的描述，下列何者正確？ **(D)**
　　　　(A)屬於團體智力測驗　(B)僅以操作型式為其施測重要特
　　　　色　(C)無法診斷出資賦優異兒童　(D)能診斷智能不足兒
　　　　童之一般智力功能。　　　　　　　　　　【2002年普考】

二、問答題【解答請見附錄】

1. 闡述兒童讀物對兒童發展的意義與價值。　　【2005年教師檢定考】

Chapter 9

創造力的發展與輔導

第一節　創造力的定義與特質

一、創造力的定義與特質

創造力的定義與特質，說明如下：（張春興，1994；黃志成、王淑芬，1995）

（一）創造力的定義

是指一個人的行為表現富有新奇和價值；或是一個人見解獨特、能創造出新事物的能力。

（二）創造力的特質

吉爾福德（Guilford）認為，智力結構中的擴散思維就是創造力，不囿於唯一法則來解決問題的能力。他認為創造力有以下五項特質：

1.敏覺性

敏於察覺事物的疏漏和不尋常的能力，例如調整幼兒房間擺設，能夠很快察覺出來。

2.流暢性

反應靈敏、思路流暢的能力，面對問題情境能在短時間內想出各種不同答案的能力，例如在5分鐘內能說出杯子的10種用途。

3.變通性

隨機應變、舉一反三的能力，例如什麼物品可歸類為「裝東西」和「當玩具」，能想出越多的類別越好。

4.獨創性

標新立異、獨具慧心的能力，例如杯子除了可用來裝東西外，還可以

當夜壺使用。

5.精進性

思考細密、做事注重細節的能力，例如幼兒畫媽媽時，將媽媽戴的戒指、臉上皺紋等細微處畫出。

二、創造力的重要性

創造力的重要性，說明如下：（陳惠珍，2000）

（一）增添生活情趣，有助於兒童人格發展及社會適應。

（二）滿足兒童的自我表現，可以從中獲得滿足及樂趣。

（三）有利於培養兒童的觀察力。

（四）有助於增進兒童創造思考及應變能力。

第二節　創造力發展的影響因素

創造力發展的影響因素相當複雜，說明如下：（黃天、谷芊、邱妍祥，2005；經佩芝、杜淑美，1994）

一、個人方面

（一）人格特質

創造力高的兒童，大都具有以下人格特質：好奇心、冒險心、挑戰心、想像力等。

（二）性別

創造力的表現，不受性別差異的影響，但社會對性別角色的差異會造成創造力受到影響，例如人們常允許女童有較多依賴和從眾的行為，而要求男童有較多的獨立及冒險心。

（三）智力

智力與創造力是二種不同的能力，智力高的兒童未必具有高的創造力，但創造力高的兒童必須是智力在中等以上者。

二、家庭方面

（一）家庭社經地位

家庭社經地位高的兒童有比較高的創造力，因為父母能提供豐富的學習環境和文化刺激。

（二）家庭氣氛與教養態度

輕鬆開朗的家庭氣氛、良好的親子關係及正向的教養態度，有利於兒童創造力的發展。

（三）家中排行順序

一般說來，長子常受父母要求順從的壓力，創造力較不及排行在中間的兒童及么子。

三、學校方面

（一）只注重成績，一味的要求兒童循規蹈矩。

（二）課程內容採教師本位，教材選擇缺乏彈性。

（三）教師固執己見，無法容納兒童有不同的意見。

（四）教師對於兒童各種天馬行空的想法，予以嘲笑或忽視。

（五）過分重視成功，使得兒童不敢有越軌行為。

（六）將遊戲和興趣當成工作，不容嬉戲。

（七）評量要求單一的標準答案。

（八）教師採權威的管理方式，強迫兒童依令行事。

（九）教室布置單調，學習情境枯燥。

四、社會方面

（一）不當的社會態度

傳統的社會價值觀念要求兒童必須服從，不鼓勵想像力。

（二）社會酬賞的缺乏

日常生活中，對於兒童的創造力很少給予鼓勵，使兒童感到挫折。

第三節　創造力發展的輔導策略

兒童創造力的輔導策略，說明如下：（吳美姝、陳英進，2000；黃天、谷芊、邱妍祥，2005；盧素碧，1989）

一、安排豐富多元的學習環境

（一）精神環境方面，父母及教師對兒童的態度要尊重自主、容納意見。
（二）物質環境方面，提供豐富且適合兒童身心發展的學習材料及玩具。
（三）教學環境方面，父母及教師宜採民主開明的指導方式。
（四）社區環境方面，多利用社會資源，經常帶兒童參觀社區裡的圖書館、美術館、博物館、科學館及名勝古蹟等，以充實生活經驗，豐富兒童心靈。

二、提供各種創造性的遊戲活動

（一）父母及教師提供各種情境機會，引導兒童從事創造性活動，以培養兒童創造思考的興趣及能力。
（二）透過造型活動、音樂活動、語文活動、戲劇活動、科學活動，激發兒童的觀察力、想像力和創造力，並擴充生活經驗。

三、提供閱讀討論及腦力激盪的機會

（一）家庭及學校可準備具有啟發性的圖書，父母及教師應陪同閱讀，鼓勵兒童發問討論。
（二）培養兒童與同儕討論時，能尊重及容納他人不同的意見，進行腦力激盪，或運用「六W」的問題型態（誰？什麼？為什麼？何時？哪裡？如何？），以刺激兒童創意思考。

四、從日常生活培養兒童創造思考的態度

（一）傾聽、悅納並尊重每一位兒童，分享彼此感受。

（二）提供嘗試各種學習經驗孩子從錯誤中學習。

（三）提供安全、無威脅且多元的學習環境。

（四）父母及教師以身作則，樂於接受兒童的想法。

（五）與兒童建立良好的人際互動關係。

（六）提供給兒童做決定的機會，勿強迫服從。

作者的叮嚀

1.創造力的定義：是指一個人的行為表現富有新奇和價值，或是一個人見解獨特，能創造出新事物的能力。

2.創造力的五項特質：（1）敏覺性；（2）流暢性（反應靈敏）；（3）變通性（舉一反三）；（4）獨創性（標新立異）；（5）精進性（思考細密）。

3.兒童發展創造力的重要性：（1）增添生活情趣；（2）滿足自我表現及樂趣；（3）培養兒童的觀察力；（4）增進創造思考及應變能力。

4.兒童創造力發展的影響因素：（1）個人因素；（2）家庭因素；（3）學校因素；（4）社會因素。

5.學校方面不利於兒童發展創造力的可能原因：（1）過度要求兒童循規蹈矩；（2）課程教材採教師本位；（3）教師固執己見；（4）教師不接納兒童天馬行空的想法；（5）過分重視學業成就（成績）；（6）將遊戲和興趣當成工作；（7）評量要求標準答案；（8）教師採權威的管理方式；（9）教室布置單調枯燥。

6.智力高的兒童未必具有高的創造力，但創造力高的兒童必須是智力在中等以上者。

7.兒童創造力的輔導策略：（1）安排豐富多元的學習環境；（2）提供各種創造性的遊戲活動；（3）提供閱讀討論及腦力激盪的機會；（4）從日常生活中培養兒童創造思考的態度。

自我測驗

一、選擇題

（ D ）1.關於創造力的敘述，下列何者是正確的？ (A)智力高的人，創造力一定高 (B)創造力高的人，智力一定高 (C)創造力是來自遺傳 (D)創造力不可能無中生有，必須先獲取足夠的知識。

（ D ）2.小琪對問題的反應是：答案的量很多，內容很平凡，但在細節上描述得很仔細，請問她的創造力特質是如何？ (A)高變通性，高獨創性，高精進性 (B)高流暢性，低變通性，低精進性 (C)高流暢性，低獨創性，低變通性 (D)高流暢性，低獨創性，高精進性。

（ A ）3.關於創造力的敘述，下列何者不正確？ (A)創造力是聚歛性思考 (B)智力高的人未必具有高的創造力 (C)一個人可以「舉一反三」，則他的變通性大 (D)會想像與動物作玩伴，這是創造力的表現之一。

（ A ）4.創造力發展會隨年齡而呈現何種曲線圖？ (A)有時上升有時下降 (B)水平狀態 (C)上升 (D)下降。

（　）5.下列哪一種發問方式，最能啟發幼兒的思考能力？　(A)你　**(D)**
　　是在畫小叮噹嗎？　(B)貓和狗，你比較喜歡哪一種動物？
　　(C)你昨天去哪些地方玩？　(D)假如你在百貨公司裡迷路
　　了，你會怎麼辦？

（　）6.當教師問幼兒：「小水桶有什麼用途？」甲幼兒回答：　**(B)**
　　「當玩具、當帽子、當花盆、當椅子。」乙幼兒回
　　答：「裝水、裝土、裝玩具、裝糖果。」根據陶倫斯
　　（Torrance）創造思考測驗，則甲幼兒的何種特質優於
　　乙幼兒？　(A)流暢性　(B)變通性　(C)敏覺性　(D)歸納
　　性。

（　）7.針對問題所提供的答案，能夠描述詳細、刻畫入微，請問　**(D)**
　　這是創造力的何項特質？　(A)流暢性　(B)變通性　(C)敏
　　覺性　(D)精進性。

（　）8.下列何種問題，可以促進兒童的擴散性思考能力？　(A)這　**(D)**
　　是什麼顏色？　(B)你喜歡紅色、黃色還是藍色？　(C)紅
　　色跟黃色加在一起，會變成什麼顏色？　(D)看到紅色，想
　　想看還有哪些東西與紅色有關的？

（　）9.下列何者最有助於幼兒對於數字的理解？　(A)畫畫　(B)　**(D)**
　　抄寫練習　(C)看圖畫書　(D)操作實物。

（　）10.下列何者屬於幼兒的創造性行為？　(A)套圈圈　(B)大風　**(C)**
　　吹　(C)玩積木　(D)著色畫。

二、問答題

1. 名詞解釋：擴散性思考、聚斂性思考。
2. 請說明一位國小教師，如何在班級中實施創造力教學。
3. 請說明家庭環境中有哪些因素，會影響兒童的創造力發展。

4. 請說明創造力的意義與特質。

5. 請說明學校方面不利於兒童發展創造力的可能原因有哪些？

歷屆考題精選

一、選擇題

（　　）1.培養孩子的創造力時，父母應該怎麼做？　(A)在孩子活動時多給予指導　(B)重視結果勝於過程　(C)鼓勵孩子多背誦故事　(D)接納孩子新的嘗試。　　**(D)**
【2000年四技二專入學考】

（　　）2.在創造力發展的特性中，能在短時間內表達出許多觀念或構想是指？　(A)敏覺性　(B)流暢性　(C)變通性　(D)獨創性。　　**(B)**
【2000年四技二專入學考】

（　　）3.下列有關創造力與智力關係的敘述，何者最適宜？　(A)智力與創造力是兩個相同的能力　(B)創造力特高者，必有特高的智力　(C)智力受遺傳因素影響較大，故可變性小　(D)創造力的發展受環境因素的影響較大，故可變性較小。　　**(C)**
【2001年四技二專入學考】

（　　）4.幼兒所畫的超級市場圖畫中，各類蔬菜、肉品、顧客衣著，均描繪細膩，該幼兒可能具有較佳的下列何種創造力特質？　(A)獨創性　(B)流暢性　(C)變通性　(D)精進性。　　**(D)**
【2001年四技二專入學考】

（　　）5.根據基爾福（J. P. Guilford）的看法，下列何種思考能力可以顯示個人的創造力？　(A)發散性思考　(B)收斂性思考　(C)集中性思考　(D)反向性思考。　　**(A)**
【2001年普考】

（　　）6.下列何種活動最無法展現幼兒的創造力？　(A)白日夢　**(D)**
(B)遊戲性遊戲　(C)建構性遊戲　(D)拼圖遊戲。

【2001年普考】

（　　）7.下列何者對於啓發幼兒創意思考能力沒有助益？　(A)提　**(D)**
供多樣刺激，讓幼兒嘗試　(B)指導幼兒多用感官觀察，探
索各樣事物　(C)讓幼兒有表現的機會，並多鼓勵其表現
(D)培養幼兒主觀的看法，並堅持己見。　【2001年普考】

（　　）8.有關創造力的培養，下列敘述何者正確？　(A)鼓勵幼兒　**(D)**
創新，不宜提供一般性知識的教學　(B)鼓勵收斂性思考
(C)科學活動不利於創造力的培養　(D)鼓勵建構性遊戲。

【2002年四技二專入學考】

（　　）9.老師與幼兒討論：「杯子可以做什麼用？」，小明說：　**(D)**
「杯子可以用來養金魚和畫圖形」，小華則說：「杯子可
以用來裝果汁和牛奶」。請問下列何種敘述最符合兩位幼
兒在創造力的表現？　(A)小明的獨創性優於小華　(B)小
明的流暢性優於小華　(C)小明敏覺性優於小華　(D)小明
的變通性優於小華。　【2004年四技二專入學考】

（　　）10.李老師想要提升班上學生的創造力，下列何種作法最適　**(B)**
當？　(A)加深學生學習的教材　(B)鼓勵學生的獨特想法
(C)提供學生更多的練習　(D)加快學生學習的速度。

【2010年教師檢定考】

二、問答題【解答請見附錄】

1. 如何提升兒童的創造力？請說明之。　　　【2003年社福四等特考】

Chapter 10

繪畫與遊戲能力的發展與輔導

第一節　繪畫與遊戲的特徵與重要性

一、幼兒繪畫的意義

幼兒繪畫是幼兒心靈的表現，也是一種語言表達。一般說來，幼兒繪畫的創作經驗，是隨著個體的性格和心理、生理的不同而有差異；另外，繪畫的興趣會隨著個體成長與經驗的擴展而有所改變。

二、幼兒繪畫的特徵

幼兒繪畫的特徵，說明如下，繪畫能力的發展詳見表16：（李慧君，2001；黃志成、王淑芬，1995）

（一）幼兒的繪畫大都以固定的形式呈現，例如臉是圓的，手腳是線條的。

（二）幼兒繪畫時常有主觀、不合理的現象，會時常遺漏物件，例如畫人常會忘了畫耳朵，畫樹葉忘了畫樹枝。

（三）幼兒繪畫時常會出現比例不符的現象，或缺乏比例的概念，例如畫人會把頭畫得特別大。

（四）缺乏正確數量的概念，例如5～6歲的幼兒在畫手指時，常會畫一大堆星星放射狀的東西。

（五）喜歡使用符號來象徵某些東西，例如畫一條水平線來區分天地，畫「倒三角形」代表天上的飛鳥。

（六）幼兒常會將表面看不到的物品也畫出來（透明畫）。

（七）幼兒繪畫內容，時常會向四面八方開展出去。

（八）幼兒會將自己認為重要的地方，誇張的畫出來。

表16　幼童繪畫能力的發展階段

階段	年齡	特徵
塗鴉期	1～2歲	塗鴉動作只是一種手臂反覆動作，圖畫內容不具意義，可以幫助手眼協調。
象徵期	2～3歲	幼兒畫其所知、所想、所感，而不是畫其所見的事物而已；會使用不同的色彩，但和現實不符。
前圖式期	3～5歲	漸漸能畫出物體的形象和特徵，以人物畫居多；通常會以某部分的特徵來代表某一事物的全部。
圖式期	5～8歲	幼兒畫的圖案與實物很相似；作畫容易受到他人的影響，或模仿他人。

資料來源：整理自吳美姝、陳英進（2000）。

（九）幼兒常在畫作中，會裝飾物品或人物。

（十）幼兒所畫物體會出現擬人化，例如畫魚時也會畫上頭髮。

三、幼兒繪畫的重要性

幼兒繪畫的重要性，說明如下：（黃志成、王淑芬，1995）

（一）促進手指的靈活，繪畫可以奠定將來兒童期寫字的基礎。

（二）可以滿足幼兒的本能需求及想像力。

（三）幼兒具有好奇心，繪畫促使幼兒喜歡觀察自然事物，培養敏銳的觀察力。

（四）透過繪畫活動刺激幼兒的智力發展，培養創造力、促進人格正向發展。

（五）有效鼓勵及指導幼兒繪畫，培養繪畫的興趣，增進美感、欣賞及鑑賞能力。

（六）從幼兒繪畫中，可以協助診斷其心理特質。

四、幼兒遊戲的意義

遊戲可視為一種情緒行為，它是達成幼兒健全人格發展的重要基石，遊戲具有治療的功能，幼兒可以從中獲得生理與心理的滿足，例如角色扮演遊戲。

五、幼兒遊戲的特徵

幼兒遊戲的特徵，說明如下：（陳幗眉、洪福財，2001）

（一）想像性

遊戲是靠著幼兒的想像力而展開的活動，遊戲中的角色扮演是模擬的。

（二）趣味性

遊戲是兒童愉快的活動，讓幼兒可以在遊戲中充滿自由、無拘無束。

（三）自發性

幼兒生理上天生好動，遊戲是幼兒自動自發的活動，幼兒參加是出於內在動機。

（四）無目的性

幼兒遊戲是重過程、輕結果的，例如幼兒玩捉迷藏遊戲，滿足「躲」和「捉」的過程，不會為了被誇讚或得獎品而遊戲。

（五）社會性

幼兒遊戲是一種社會性的活動，透過遊戲可以與其他幼兒建立人際關

係。

六、幼兒遊戲發展的分期

派頓（Parten）提出幼兒的遊戲發展分期有七個階段：（陳惠珍，2000）

（一）0～1歲左右，隨興而起的遊戲行為，未帶有目的之活動。

（二）1歲左右，只在一旁觀看別人遊戲，而不親自參與。

（三）2歲左右，幼兒的自我中心強烈，幼兒喜歡單獨遊戲。

（四）2～3歲左右，幼兒在團體裡遊戲，但各玩各的。

（五）3歲以後，幼兒與其他幼兒融入在遊戲裡，並逐漸社會化。

（六）5歲以後，幼兒參加團體遊戲，呈現組織化（例如分組玩騎馬打仗）。

（七）7歲以後，開始產生分工合作、競爭性的遊戲型態。

七、幼兒遊戲的重要性

幼兒遊戲的重要性，說明如下：（黃志成、王淑芬，1995）

（一）幼兒遊戲可以促進感官發展及肢體活動，以增進身心健康。

（二）幼兒在合作性的遊戲中，幫助幼兒發展群性及擴充生活經驗。

（三）幼兒遊戲有助於語言表達及思考的發展。

（四）幼兒遊戲有助於認知發展，包括知覺、感覺、記憶、判斷、推理、注意力、想像力及創造力。

（五）幼兒遊戲有助於感官訓練及手腦協調的發展。

（六）幼兒遊戲具有心理治療的功能，可藉由「遊戲治療法」（play therapy）探究幼兒不良適應的根源，消除心靈創傷、緊張、焦慮及恐懼的情緒。

第二節　繪畫與遊戲能力發展的影響因素

繪畫與遊戲能力發展的影響因素，說明如下：（陳惠珍，2000）

一、個人因素

（一）身心健康

身體健康、精力旺盛的幼兒，比較主動投注心力在繪畫和遊戲中。

（二）動作發展

動作協調的幼兒，比較能順利從事適合各自年齡階段的繪畫和遊戲。

（三）性別

男幼兒傾向參與活潑、耗體力的遊戲，女幼兒傾向參與文靜、不耗體力的遊戲。

（四）年齡

幼兒的繪畫能力和遊戲方式，會隨年齡增長並趨向社會化。

（五）智力

智力高的幼兒，比較喜歡從事富有創造性的繪畫和遊戲活動。

二、環境因素

（一）家庭社經地位

家庭社經地位較高的幼兒比家庭社經地位較低的幼兒，繪畫及遊戲能力的表現較佳。

（二）生活環境

幼兒所居住的環境品質，會影響遊戲型態，例如居住在都市的幼兒可能從事較多的室內遊戲。

（三）玩具或教具

玩具或教具會影響幼兒遊戲的類型，例如缺乏玩具或教具的幼兒，可能轉向喜歡看電視。

（四）玩伴影響

繪畫和遊戲有玩伴一起，能增進幼兒的社交互動與人際關係。

第三節　繪畫與遊戲能力發展的輔導策略

一、繪畫能力發展的輔導策略

一般的輔導策略，說明如下：（吳美姝、陳英進，2000）

（一）依據幼兒的發展和需求，提供各式各樣的繪畫材料，讓幼兒嘗試、探索和表現。

（二）讓幼兒在繪畫中主動表現創造力，不宜給予塗色畫冊或模仿成
　　　人作品，以免抹煞幼兒的繪畫創作力。

（三）布置合宜的情境，陳列幼兒的繪畫作品，給予適當的讚美和鼓
　　　勵，以激勵繪畫的興趣和動機。

（四）多帶領幼兒到美術館、博物館、圖書館，以培養美感的欣賞能
　　　力。

二、遊戲能力發展的輔導策略

一般的輔導策略，說明如下：（陳惠珍，2000）

（一）提供安全、充足的遊戲空間與設備。

（二）配合個體發展，提供適當的遊戲內容與方法。

（三）父母及教師可陪伴幼兒一起遊戲，並觀察遊戲的學習與興趣。

（四）鼓勵幼兒多與同伴遊戲，培養其社會行為發展，養成團結合作
　　　的精神。

（五）養成遵守遊戲規則的良好習慣。

（六）儘量採用無結構性的玩具，例如砂石、積木，讓兒童自由重
　　　組，發揮想像力。

作者的叮嚀

1. 幼兒繪畫的意義：幼兒繪畫是幼兒心靈的表現，也是一種語言表
達。

2. 幼兒繪畫的特徵：（1）大都以固定的形式呈現；（2）常有主
觀、不合理的現象，或時常遺漏物件；（3）常會出現比例不符
的現象；（4）缺乏正確數量的概念；（5）喜歡使用符號來象徵
某些東西；（6）表面看不到的物品也會畫出來；（7）作畫時會

向四面八方開展出去；（8）會將自己認為重要的地方很誇張的畫出來；（9）會裝飾畫作中的物品或人物；（10）所畫物體會出現擬人化。

3. 幼童繪畫能力的發展階段：（1）塗鴉期（1～2歲），圖畫內容不具意義；（2）象徵期（2～3歲），畫其所知而非所見的事物，使用的色彩和現實不符；（3）前圖式期（3～5歲），漸漸能畫出物體的形象和特徵，以人物畫居多；（4）圖式期（5～8歲），畫的圖案與實物很相似。

4. 幼兒繪畫的重要性：（1）促進手指的靈活；（2）滿足幼兒的本能需求及想像力；（3）培養敏銳的觀察力；（4）刺激智力發展、培養創造力、促進人格正向發展；（5）增進美感、欣賞及鑑賞能力；（6）協助診斷幼兒的心理特質。

5. 幼兒遊戲的意義：遊戲是幼兒健全人格發展的重要基石，因為遊戲具有治療的功能，可以從中獲得生理與心理的滿足。

6. 幼兒遊戲的特徵：（1）想像性；（2）趣味性；（3）自發性；（4）無目的性；（5）社會性。

7. 派頓倡導幼兒遊戲發展的七個分期：（1）隨興而起的遊戲行為（0～1歲左右）；（2）只在一旁觀看別人遊戲，但不親自參與（1歲左右）；（3）喜歡單獨遊戲（2歲左右）；（4）在團體裡遊戲，但各玩各的（2～3歲左右）；（5）與其他幼兒融入在遊戲裡（3歲以後）；（6）參加的團體遊戲開始出現分組（5歲以後）；（7）開始產生分工合作及競爭性的遊戲型態（7歲以後）。

8. 幼兒遊戲的重要性：（1）促進感官發展及肢體活動；（2）發

展群性及擴充生活經驗；（3）有助於語言表達及思考的發展；（4）有助於認知發展及創造力發展；（5）有助於手腦協調的發展；（6）幫助幼兒生活適應及解決情緒問題。

9.繪畫與遊戲能力發展的影響因素：（1）個人因素，包括身心健康、動作發展協調、性別、年齡、智力等；（2）環境因素，包括家庭社經地位、居住生活環境、玩具或教具、玩伴影響等。

10.繪畫能力發展的輔導策略：（1）鼓勵幼兒嘗試、探索和表現；（2）避免提供塗色畫冊或模仿成人作品；（3）布置合宜的學習情境並適時給予增強；（4）經常帶領幼兒參觀美術館等相關機構。

11.遊戲能力發展的輔導策略：（1）提供安全、充足的遊戲空間與設備；（2）提供適當的遊戲內容與方法；（3）成人可陪伴幼兒一起遊戲；（4）鼓勵多與同伴遊戲，養成團結合作的精神；（5）養成遵守遊戲規則的良好習慣；（6）儘量採用無結構性的玩具，以誘發幼兒想像力。

自我測驗

一、選擇題

（　）1.當幼兒繪畫時，最喜歡畫人物，而且所畫的人常呈現蝌蚪的樣式，請問這是屬於下列哪一個時期的繪畫？　(A)塗鴉期　(B)象徵期　(C)前圖式期　(D)圖式期。 **(C)**

（　）2.輔導幼兒繪畫的發展，下列何項做法不恰當？　(A)供給 **(B)**
紙筆，滿足幼兒塗鴉的慾望　(B)告訴幼兒「畫得很像」或
「畫得不像」　(C)提供豐富的視覺刺激　(D)介紹不同的
繪畫方法以引起畫圖的興趣。

（　）3.2歲以前幼兒的繪畫發展階段處於塗鴉期，其中包括以下 **(A)**
階段：1.縱線錯畫、2.點錯畫、3.橫線錯畫、4.錯綜混合錯
畫、5.圓形錯畫，請你依發展的正確順序排列？　(A)2→3
→1→5→4　(B)2→1→3→5→4　(C)1→3→2→4→5　(D)3
→2→1→5→4。

（　）4.培養幼兒繪畫的能力，下列何項敘述是不正確的？　(A)提 **(B)**
供不同的繪畫方法　(B)多提供著色畫本　(C)多提供生活
經驗　(D)提供大張的紙張和粗的蠟筆。

（　）5.輔導幼兒繪畫動機最好的方法為何？　(A)遊戲　(B)上美 **(A)**
勞課　(C)寫生　(D)素描。

（　）6.下列何項遊戲最有利於兒童的創造力發展？　(A)戲劇性遊 **(A)**
戲　(B)規則性遊戲　(C)認知性遊戲　(D)操弄性遊戲。

（　）7.很多兒童在遊戲時會有一再重複出現的現象，請問原因 **(A)**
為何？　(A)熟練與駕馭技巧的滿足　(B)兒童感到無聊，
藉以打發時間　(C)藉以吸引父母的注意　(D)藉以培養耐
心。

（　）8.兒童遊戲發展的順序為何？　(A)單獨遊戲→平行遊戲→團 **(C)**
體遊戲→聯合遊戲　(B)單獨遊戲→聯合遊戲→平行遊戲→
團體遊戲　(C)單獨遊戲→平行遊戲→聯合遊戲→團體遊戲
(D)單獨遊戲→團體遊戲→平行遊戲→聯合遊戲。

（　）9.幼兒與其他小朋友一起玩，彼此之間有交談，也有自己玩 **(C)**
的主題，但相互間沒有分工，也沒有共同目標，仍然以個

人的興趣為主，請問這是何種遊戲行為？　(A)功能遊戲
(B)平行遊戲　(C)聯合遊戲　(D)團體遊戲。

（　　）10.下列何者是2歲以後的幼兒最早出現的遊戲類型？　(A)建　　**(C)**
構遊戲　(B)感覺與動作遊戲　(C)模仿遊戲　(D)運動式
遊戲。

二、問答題

1. 繪畫對幼兒的重要性為何？
2. 處在前圖式期的幼兒，在繪圖上有哪些明顯的特徵？
3. 玩具在教育上有哪些價值性？
4. 家長要如何幫家中幼兒選擇安全玩具？
5. 何謂「遊戲治療法」？

歷屆考題精選

一、選擇題

（　　）1.在繪畫上，老師及家長可以如何協助孩子？　(A)提供自己　　**(D)**
的經驗，必要時加以修飾，使其較有成就感　(B)常鼓勵孩
子：「你真能幹，畫的好像喔！」以增強其信心　(C)等孩
子使用蠟筆彩色筆熟練後才提供水彩或墨汁，以免妨礙手
部發展　(D)讓孩子彼此互相欣賞作品。
【1999年四技二專入學考】

（　　）2.10個月大的小萍將玩具丟在地上，爸媽撿起後，她又再　　**(B)**
丟，而且樂此不疲，這是一種什麼遊戲的性質？　(A)建
構性遊戲　(B)功能性遊戲　(C)象徵性遊戲　(D)戲劇性遊
戲。
【1999年四技二專入學考】

（　　）3.幼兒遊戲有：①聯合遊戲②規則遊戲③練習遊戲④平行遊戲⑤旁觀遊戲，依其發展的順序為何？　(A)③→⑤→④→①→②　(B)③→④→⑤→②→①　(C)③→⑤→②→④→①　(D)③→②→⑤→④→①。　【2000年四技二專入學考】 **(A)**

（　　）4.父母或教師輔導幼兒遊戲的方法，下列何者錯誤？　(A)應隨時指導幼兒正確的玩法　(B)和幼兒打成一片，一起遊戲　(C)鼓勵幼兒多與同伴遊戲　(D)遊戲需適合幼兒的能力，以維持幼兒對遊戲的興趣。　【2000年四技二專入學考】 **(A)**

（　　）5.以下何者屬於「建構性遊戲」？①騎木馬②玩積木③開玩具店④玩沙⑤玩黏土　(A)①③⑤　(B)②③④　(C)①②④　(D)②④⑤。　【2000年四技二專入學考】 **(D)**

（　　）6.2歲的小名畫玩圖後，說：「這是陳阿姨。」陳阿姨說：「這哪是我，一團亂七八糟，真是亂畫。」小名的繪畫發展分期可能屬於下列何者？　(A)象徵期　(B)前圖式期　(C)圖式期　(D)寫實期。　【2001年四技二專入學考】 **(A)**

（　　）7.下列有關幼兒繪畫發展的輔導，何者有誤？　(A)應該以「畫的真像」的話語，回應幼兒的圖畫作品　(B)幼兒的繪畫表達經驗有益於語言能力發展　(C)擴充生活經驗有益於幼兒繪畫發展　(D)提供幼兒多元畫材有益於幼兒繪畫發展。　【2001年四技二專入學考】 **(A)**

（　　）8.依據派頓（Parten）的觀點，三個娃娃在娃娃家，交談超人如何救火，此遊戲類型可能屬於下列何者？　(A)聯合遊戲　(B)功能遊戲　(C)規則遊戲　(D)平行遊戲。　【2001年四技二專入學考】 **(A)**

（　　）9.根據學者派頓（Parten）對遊戲的分類法，如果一個孩子和其他孩子玩在一起，會彼此交談，但是沒有一個共同的 **(C)**

目標與具體的組織，這樣的遊戲型態歸類為什麼？　(A)獨立遊戲　(B)平行遊戲　(C)聯合遊戲　(D)合作遊戲。

【2001年普考】

(　) 10.下列何種遊戲型態，最能培養5歲幼兒團隊合作的能力？　(A)獨自遊戲　(B)旁觀遊戲　(C)合作遊戲　(D)平行遊戲。 **(B)**

【2002年四技二專入學考】

(　) 11.幼兒的繪畫表現方式易受他人影響而形成「概念畫」，是屬於下列何種繪畫發展階段？　(A)塗鴉期　(B)象徵期　(C)前圖式期　(D)圖式期。 **(D)**

【2002年四技二專入學考】

(　) 12.有關幼兒遊戲行為的敘述，下列何者正確？　(A)幻想遊戲始於出生時　(B)遊戲與認知發展無關　(C)遊戲可以發洩不愉快的情緒　(D)玩黏土、玩拼圖與溜滑梯屬於建構遊戲。 **(C)**

【2002年四技二專入學考】

(　) 13.下列有關幼兒繪畫發展的敘述，何者正確？　(A)幼兒繪畫發展與語言發展無關　(B)蝌蚪人的畫法是屬於塗鴉期　(C)象徵期又可稱為命名期　(D)宛如從空中鳥瞰似的繪畫表現，稱為排列似畫法。 **(C)**

【2003年四技二專入學考】

(　) 14.依據派頓（M. B. Parten）對遊戲的分類，「在教室的娃娃角，小明當爸爸、小芳當媽媽、小華當小孩一起上街買東西」是屬於下列何種遊戲？　(A)聯合遊戲　(B)平行遊戲　(C)規則遊戲　(D)合作遊戲。 **(D)**

【2004年四技二專入學考】

(　) 15.小珠正處於命名塗鴉的階段，會指著圓上的圓圈一會兒說：「這是爸爸的車子。」，過了一會兒又說：「這是恐龍。」。請問下列何種方式最適合小珠的繪畫發展？　(A)讓小珠上美術班，加強她的繪畫技巧　(B)父母利用假 **(B)**

日多帶小珠到戶外走一走，增加小珠的生活經驗 (C)要求小珠更進一步說明自己的作品到底是車子或是恐龍 (D)父母直接示範車子的畫法讓小珠觀摩。

【2004年四技二專入學考】

(C) 16.根據皮亞傑理論，下列有關兒童遊戲發展的敘述何者正確？ (A)具體運思期從事較多有規則的遊戲 (B)感覺動作期常從事建構遊戲 (C)前運思期開始從事練習的遊戲 (D)形式運思期才會從事想像戲劇的遊戲。

【2006年教師檢定考】

(A) 17.小華在學校時總是安靜坐在位置上玩他的拼圖遊戲，他的拼圖能力超強，但他可以整天不講話，也不與班上其他小朋友互動。如果有小朋友要逗他，把他的拼圖弄亂，他就會大發脾氣，甚至用頭去撞牆。小華的異常行為最可能是下列何者？ (A)自閉症 (B)注意力缺陷過動症 (C)智能障礙 (D)語言表達障礙。 【2007年教師檢定考】

二、問答題【解答請見附錄】

1. 試說明選擇兒童遊戲器材應注意之事項為何？ 【2000年普考】

Chapter 11
社會行爲的發展與輔導

第一節　社會行為的定義與特徵

一、社會行為的定義

社會行為的定義，說明如下：（洪蘭譯，1995；陳惠珍，2000）

（一）當一個人與社會環境接觸時，會與他人產生互動影響，產生人際間的生理或心理上的交互作用。

（二）達爾文（Darwin）主張物競天擇、適者生存，他認為人和動物天生就是合群的，是幫助個體生存的條件。

二、社會行為的重要性

社會行為的重要性，說明如下：（黃志成、王淑芬，1995）

（一）社會行為增進人格正常發展

社會行為持續下去就會形成人格特質的一部分，包括獨立或依賴、支配或順從、反抗或合作、友善或攻擊等。

（二）早年經驗決定社會適應的程度

幼兒早期社會經驗若是快樂滿足的，日後會有較良好的社會適應行為，同時對情緒和人格發展也有重要的影響。

三、社會行為發展的階段與特徵

幼兒社會行為發展的階段與特徵，說明如下：（黃志成、王淑芬，

1995）

（一）0～2歲：自我中心、模仿、缺乏道德意識

1.嬰兒在2～6個月，雖然會互相注視、觸摸對方，但只是無意識的動作。

2.嬰兒在6～11個月，會想要動手觸摸對方，與人的互動感到興趣，用簡單的動作或聲音來反應，或互相微笑。

3.嬰兒在10～24個月，會簡單的模仿動作，表現出互惠行為或搶玩具。

（二）2～6歲：合作遊戲、個性發展、尋求認可

幼兒早期的社會行為，經由遊戲的互動表現出來。遊戲的對象由成人逐漸轉向同年齡的幼兒。

1.2歲左右，幼兒的自我中心強烈，幼兒喜歡單獨遊戲。

2.2～3歲左右，幼兒在團體裡遊戲，但各玩各的。

3.3歲以後，幼兒與其他幼兒融入在遊戲裡，並逐漸社會化。

4.5歲以後，幼兒參加團體遊戲，越來越有組織化。

5.7歲以後，開始產生分工合作、競爭性的遊戲型態。

四、社會行為模式

幼兒社會行為模式，說明如下：（洪蘭譯，1995；黃志成、王淑芬，1995）

（一）模仿

3個月會模仿面部表情，6～7個月會模仿手勢及動作，1歲會模仿聲音語言，模仿在教育上具有積極作用，透過友伴間的互相模仿，可提高學

習效果。

（二）尋求認可

2歲左右的幼兒就有尋求社會認可與讚許的期望，希望引起他人注意與喜愛。

（三）依附行為

尋求與他人保持親密關係的傾向，表現行為有：啼哭、微笑、緊跟不放、身體依偎、要求擁抱等。「親子依附」是指親子間的依附關係，通常嬰兒會對照顧者產生一種情感依賴。

1. 無特定對象的社會反應行為，0～2個月。
2. 有特定對象的社會反應行為，2～7個月。
3. 建立依附行為，積極想與照顧者親近，一旦依附對象離開會產生「分離焦慮」，幼兒會出現害怕、生氣、哭鬧、哀傷、冷漠及挫折的現象，7個月～2歲。
4. 逐漸能夠忍受與親人短暫分離，並和同儕建立關係，2歲以後。

（四）競爭

1. 1～2歲的嬰兒會互相搶奪玩具，但並非真正的競爭；3歲左右開始出現競爭行為，5～6歲已發展出強烈的競爭行為。
2. 正向的競爭會促使兒童勤奮努力，增強社會化；負向的競爭（例如吵鬧、打架）會導致兒童社會適應不良。

（五）反社會行為（反抗）

1. 是指表現出抗拒行為或對他人施加壓迫，是一種自我保護的「補償性適應行為」，3歲左右是幼兒反抗的高峰期，以反抗成人的權威為主。

2. 包括身體反抗及語言反抗，常見有唱反調、發脾氣、冷漠、拒絕答話等。

（六）攻擊

1. 是一種帶有敵意的威脅行為，大都是因為被激怒而引起，4～5歲時達到高峰。
2. 攻擊行為會隨著年齡增長，由直接轉為間接，例如2～4歲會直接攻擊對方身體（例如打、推、踢），4～5歲會採間接的語言攻擊（例如責罵、訕笑）。

（七）利社會行為

1. 又稱利他行為，包括幫助他人、安慰他人（同情心）、保護他人、與他人分享、與他人合作等。
2. 幼兒3歲開始能對他人的難過表示關心，會試著幫助或安慰痛苦的人。到4歲時開始與他人有合作行為。

（八）角色取替

1. 是一種社會認知能力，能站在對方立場、設身處地為他人著想，大致與同理心相同。
2. 塞爾曼（Selman）提出角色取替能力的發展階段說，說明見表17。

表17　角色取替能力的發展階段

階段	年　齡	名　稱	概　念	特　徵
零	3～6歲	自我中心期	未分化	無角色取替能力
一	5～9歲	主觀期	已分化	可以理解同一件事，可能存有不同的看法或態度

（續下頁）

階段	年　齡	名　稱	概　念	特　徵
二	7～12歲	自我反省期	第二人觀點	會開始自我反省，已能理解每個人都有不同的想法
三	10～15歲	相互關係期	第三人觀點	已能區分三個人之間的關係，並會權衡利弊得失
四	12歲～成人	深層社會觀點期	社會價值觀	思考一件事時，會受到社會價值觀的影響

資料來源：修訂自王淑芬（2005）。

第二節　社會行為發展的影響因素

幼兒社會行為發展的影響因素，說明如下：（陳惠珍，2000）

一、個人因素

（一）健康狀況

健康狀況良好的幼兒，較常表現出正向的社會行為。

（二）智力

智力高的幼兒，社會適應能力較佳。

（三）語言

語言發展良好的幼兒，能夠與他人良性溝通，增進社會化。

（四）情緒

情緒穩定的幼兒，容易與他人相處。

（五）人格特質

性格外向的幼兒，容易與他人互動，在團體中相處融洽。

（六）社會技巧

幼兒具有良好的社會技巧（例如禮讓、合作、分享等），就容易被人接納。

二、家庭因素

（一）家人關係

家庭氣氛融洽，幼兒有安全感及自信心，自然容易培養出友善、同理心及合作等社會行為。

（二）父母教養方式

民主開明的教養方式，兒童學會尊重他人，自然容易與他人相處。

（三）成人以身作則

父母是兒童認同及模仿的對象，有良好的行為示範，有助於社會行為正向發展。

（四）其他

家庭結構、家庭社經地位、父母教育程度、子女數量、出生順序等，都可能會影響兒童社會行為發展。

三、學校因素

（一）教師期望及教學方式

適當的期望與教學方式，有助於兒童社會行為正向發展。

（二）學校環境與設備

學習環境豐富多元，足夠的空間以及設備，能夠促進兒童社會行為正向發展。

（三）同儕的交往互動

多安排兒童合作學習的情境，增進彼此互動機會，能促進社會行為正向發展。

四、社會因素

（一）社會活動的經驗

多給予兒童社會接觸的機會，擁有愉快的社會經驗，有助於未來適應社會生活。

（二）社會環境的示範

社會環境以及大眾傳播媒體（例如電視），會對兒童的社會行為產生影響。

五、幼兒攻擊行為的原因

幼兒攻擊行為的原因，說明如下：（陳惠珍，2000；黃志成、王淑芬，1995）

（一）生理因素：大腦功能障礙，或內分泌失調所引起的衝動。

（二）心理因素：患有心理疾病、報復心態。

（三）認知因素：自我控制能力薄弱。

（四）人格因素：人格發展不健全、自我防衛、利己傾向。

（五）情緒因素：情緒不穩定、缺乏社會技巧。

（六）家庭因素：父母失和、手足敵對。

（八）親子關係：缺少關愛及溝通。

（九）教養方式：過度放任、過度嚴厲、過度溺愛、家庭暴力。

（十）學校與社會因素：活動空間及設備不足、社會文化不良影響。

第三節　社會行為發展的輔導策略

幼兒社會行為發展的輔導策略，說明如下：（吳美姝、陳英進，2000；陳惠珍，2000；黃志成、王淑芬，1995）

一、維護身體的健康

注重幼兒飲食的營養和衛生，養成良好的生活習慣及規律的生活作息，身體健康有助於社會行為正向發展。

二、促進語言的發展

　　引導幼兒擺脫自我中心傾向，與他人在言談時能主動、有禮貌，而非帶有批評或譏笑的意味，自然容易在團體中被接納和尊重。

三、指導參與團體遊戲

　　讓幼兒多參與團體遊戲活動，透過角色扮演及合作遊戲，促進社會行為正向發展。

四、保持穩定成熟的情緒

　　情緒穩定是促進社會化的動力，攻擊、反抗等社會行為大都由憤怒的情緒所引起，因此成人平時要幫助幼兒在態度上保持心平氣和。

五、提供示範的好榜樣

　　社會行為會藉由模仿習得，因此父母和教師平時應注意自己的言行舉止、以身作則。

六、增強良好的社會行為

　　當幼兒表現出良好的社會行為時，增強作用可以促進行為發生的頻率。相反的，如果需要使用懲罰時，必須清楚告知原因，避免使用恐嚇的手段。

七、給予自主學習及做決定的機會

在幼兒的能力範圍內，讓他嘗試自己解決問題和練習，並有機會自己做決定，有助於培養獨立態度及處理事務的能力。

八、悅納、尊重及傾聽兒童

每個幼兒都是獨特的，成人必須接受其能力、特質、優缺點等，避免經常拿他和其他幼兒做比較，也要有耐心的傾聽幼兒的說話，避免教條式的訓誨。

九、避免產生習得無助感

幼兒學習社會行為的過程，成人應了解幼兒的能力，勿給予太大的壓力，並能安排成功的經驗，避免因為挫折感而放棄學習。

十、幼兒攻擊行為的輔導策略

（一）安排體能活動，宣洩幼兒過剩的精力。

（二）教導幼兒正向且合理的情緒表達方式。

（三）引導幼兒解決問題的技巧，勇於面對挫折。

（四）父母的行為示範要以身作則。

（五）父母教養方式要賞罰分明、公平一致。

（六）運用行為改變技術、遊戲治療、社會技巧訓練來削弱攻擊行為。

（七）適度的懲罰要立即性、告知原因、標準明確、態度一致、切合需求。

十一、幼兒競爭行為的輔導策略

（一）引導幼兒與自我做比較，從自我進步中建立自信心。

（二）了解幼兒個別差異與能力，勿將成人的價值觀和期望加諸在幼兒身上。

（三）鼓勵幼兒參與競賽活動，要注重過程而非結果，勝不驕、敗不餒。

作者的叮嚀

1.社會行為的定義：當一個人與社會環境接觸時，會與他人產生互動影響，產生人際間的生理或心理上的交互作用。

2.社會行為的重要性：（1）社會行為增進情緒及人格正常發展；（2）早年生活經驗影響日後社會適應行為。

3.幼兒社會行為發展的階段與特徵：（1）0～2歲，自我中心、模仿、缺乏道德意識；（2）2～6歲，合作遊戲、個性發展、尋求認可。

4.幼兒社會行為的模式：（1）模仿；（2）尋求認可；（3）依附行為；（4）競爭；（5）反社會行為；（6）攻擊；（7）利社會行為；（8）角色取替。

5.親子依附行為：（1）是指親子間的依附關係，通常嬰兒會對照顧者產生一種情感依賴；（2）7個月～2歲的幼兒，一旦依附對象離開會產生「分離焦慮」。

6.反社會行為：是指表現出抗拒行為或對他人施加壓迫，是一種自我保護的「補償性適應行為」，3歲左右是高峰期。

7.利社會行為：又稱「利他行為」，幼兒3歲左右會試著安慰痛苦的人，4歲左右開始與他人有合作行為。

8.角色取替：是一種社會認知能力，能站在對方立場、設身處地為他人著想，大致與同理心相同。

9.塞爾曼倡導角色取替能力的發展階段說：（1）5～9歲，主觀期；（2）7～12歲，自我反省期；（3）10～15歲，相互關係期；（4）12歲～成人，深層社會觀點期。

10.社會行為發展的影響因素：（1）個人因素；（2）家庭因素；（3）學校因素；（4）社會因素。

11.幼兒攻擊行為的原因：（1）大腦功能障礙或內分泌失調；（2）患有心理疾病；（3）自我控制能力薄弱；（4）人格發展不健全；（5）情緒不穩定、缺乏社會技巧；（6）家庭失和、手足敵對；（7）親子間缺少關愛及溝通；（8）教養方式放任或過度嚴厲；（9）學校活動空間不足、社會文化不良影響。

12.社會行為發展的輔導策略：（1）維護身體的健康；（2）促進語言的發展；（3）指導參與團體遊戲；（4）保持穩定成熟的情緒；（5）提供示範的好榜樣；（6）增強良好的社會行為；（7）給予自主學習及做決定的機會；（8）悅納、尊重及傾聽兒童；（9）避免產生習得無助感。

13.幼兒攻擊行為的輔導策略：（1）安排體能活動來宣洩過剩的精力；（2）教導正向且合理的情緒表達方式；（3）引導解決問題的技巧，勇於面對挫折；（4）父母以身作則；（5）父母教養方式要公平一致；（6）運用行為改變技術、遊戲治療、社會技巧訓練來削弱攻擊行為；（7）適度的懲罰要立即性、告知原因、標準明確、態度一致、切合需求。

14.幼兒競爭行為的輔導策略：（1）勿與他人做比較，從自我進步中建立自信心；（2）勿將成人的價值觀和期望加諸在幼兒身上；（3）鼓勵參與競賽活動要注重過程而非結果（勝不驕、敗不餒）。

自我測驗

一、選擇題

(　C　) 1.下列何者是嬰兒期最重要的社會行為發展特徵？ (A)語言的了解與表達　(B)動作技能的獲得　(C)與照顧者之間的依附關係　(D)建立同儕關係。

(　C　) 2.社會關係圖（sociomatrix）的功能為何？ (A)了解兒童的人格特質　(B)了解兒童的社會成熟度　(C)了解兒童在團體中的社會地位　(D)了解兒童社會態度的發展。

(　C　) 3.「社會計量法」（sociometry）可以用來了解兒童的哪一種行為發展？ (A)社會認知　(B)道德判斷　(C)社會技巧　(D)性別角色。

(　D　) 4.下列何者是影響幼兒社會行為最重要的因素？ (A)出生順序　(B)家庭社經地位　(C)家人關係　(D)父母教養方式。

(　D　) 5.個體由一位自然人逐漸學習成為社會人的過程，稱做什麼？ (A)分化　(B)自然化　(C)轉化　(D)社會化。

(　A　) 6.一個人與外界環境接觸時，一方面影響別人，一方面也受別人影響，所產生的人與人之間在生理與心理上的交互作用，稱做什麼行為？ (A)社會行為　(B)人格特質　(C)語言表現　(D)情緒反應。

(　D　) 7.影響兒童社會行為的學校因素有哪些？ (A)教師教學的態度和方法　(B)學校環境硬體設施　(C)兒童學校生活經驗　(D)以上皆是。

(　D　) 8.「可怕是2歲兒」，是指幼兒的何種行為特別強烈？ (A)攻擊　(B)依賴　(C)獨立　(D)反抗。

( ) 9.幼兒的攻擊性行為在幾歲時是最高峰？ (A)2～3歲 **(C)**
(B)3～4歲 (C)4～5歲 (D)5～6歲。

( ) 10.下列何項是幼兒較為普遍的社會行為？ (A)攻擊 (B)角 **(A)**
色取替 (C)分享 (D)同情。

二、問答題

1. 造成幼兒攻擊行為的影響因素可能有哪些？身為家長的輔導策略為何？

2. 友伴對於幼兒社會行為發展有哪些影響？

3. 請說明兒童依附行為發展的階段和特徵。

4. 請從心理學家班都拉（A. Bandura）的理論來分析兒童出現攻擊行為的
可能原因？

5. 名詞解釋：角色取替、利社會行為。

歷屆考題精選

一、選擇題

( ) 1.強調父母要能提供子女良好的行為示範，以潛移默化的方 **(C)**
式，引導幼兒社會及道德發展，是哪一學派的論點？ (A)
人文主義論 (B)精神分析論 (C)社會學習論 (D)行為學
派。 【2000年四技二專入學考】

( ) 2.依據艾瑞克森的理論，幼兒希望以幫助媽媽做家事，來獲 **(C)**
得媽媽的肯定，該幼兒最可能處於下列何種社會發展任務
分期？ (A)信任對不信任 (B)自主對懷疑 (C)自動對內
疚 (D)勤奮對自卑。 【2001年四技二專入學考】

( ) 3.下列有關看電視對兒童不良影響的敘述：①減少和他人互 **(A)**
動②模仿電視暴力，增加攻擊行為③廣告刺激購買不營養

的食物④減少參加其他有益發展的活動。哪些是正確的？
(A)①②③④　(B)①④　(C)②③　(D)①②③。

【2001年普考】

(　　) 4.為了鼓勵5歲幼兒發展良好的社會行為，成人宜多引導幼兒
發展下列何種行為？　(A)平行遊戲的行為　(B)遵守生活
常規的行為　(C)服從專制式父母的行為　(D)隨性放任的
行為。　　　　　　　　　　【2002年四技二專入學考】　　**(B)**

(　　) 5.有關利社會行為的發展，下列敘述何者正確？　(A)道德推
理成熟的兒童會忽略別人的需求　(B)生長在工業化社會下
的兒童較利他取向　(C)同理心和利社會行為的發展會隨著
年齡增長而降低　(D)高年級兒童比低年級兒童更會覺得自
己有責任去幫助那些需要幫助的人。　　　　　　　　　　**(D)**

【2007年教師檢定考】

(　　) 6.對於兒童時期同儕關係的敘述，下列何者正確？　(A)被忽
視的孩子常顯得害羞或畏縮　(B)被拒絕的兒童常會高估自
己的社會地位　(C)具攻擊性行為的孩子常被忽略，很少引
人注意　(D)外觀不吸引人的孩子常比外觀吸引人的孩子更
受歡迎。　　　　　　　　　　　　【2007年教師檢定考】　　**(A)**

(　　) 7.教育強調身教重於言教，其中身教最接近下列哪一種學
習？　(A)古典制約學習　(B)操作制約學習　(C)直接學習
(D)社會學習。　　　　　　　　　　【2008年教師檢定考】　　**(D)**

(　　) 8.根據艾瑞克森的理論，當學齡兒童成功地通過「勤奮進取
對自貶自卑」的社會心理危機之後，他將會得到下列何種
結果？　(A)目標　(B)能力　(C)意志　(D)智慧。　　　　**(B)**

【2008年教師檢定考】

（　　）9.艾瑞克森（E. Erikson）在他的心理社會發展論中，對國小　|　**(A)**
學齡兒童發展的描述，下列何者不正確？　(A)其所經歷
的衝突是「主動v.s.罪惡感」　(B)此時兒童對於事物如何
製造及運作變得很關心　(C)兒童透過成功的經驗獲得能力
及掌控感　(D)順利解決危機所獲得的美德是「技能」。

【2009年教師檢定考】

二、問答題（解答請見附錄）

1. 試說明幼兒（3～6歲）所表現的「社會行為」與「非社會行為」為何？

【2000年普考】

2. 試說明兒童友誼發展的階段及其輔導原則。　　　【2001年普考】

3. 何謂利他行為？試從利社會道德推理的觀點來說明其發展層次及其影響
因素。　　　　　　　　　　　　　　　　　　　　【2004年普考】

4. 小明聰明活潑，熱愛球類運動，但行為不檢大過不犯小錯不斷，學業成
績中等並且經常遲交作業。而最讓老師頭疼的是，小明老愛在上課時插
嘴搞笑，帶動同學們嬉鬧起哄，常常影響班級秩序打斷老師授課。老師
一旦制止小明立即行為收斂起來，但不久後即故態復萌。老師曾有幾次
暗暗地計算小明插嘴搞笑的次數，最少的情況是一節課4次，最多是一
節課16次。老師希望能減少小明上課插嘴搞笑的行為。試以行為改變
技術的觀點，運用「區別增強」技術擬出行為改變計畫以輔導小明。

【2005年教師檢定考】

參考文獻

王淑芬（2005）。**兒童發展與輔導**。臺北市：志光。

王靜珠、洪靜安、陳青青、黃友松、蔡春美（1995）。**兒童發展**。臺北市：
　　國立編譯館。

吳美姝、陳英進（2000）。**兒童發展與輔導**。臺北市：五南。

吳錦惠、吳俊憲（2011）。**親職教育概要**。臺北市：五南。

李慧君（2001）。**幼兒發展與輔導**。臺北市：華騰。

洪蘭（譯）（1995）。H. Gleitman著。**心理學**。臺北市：遠流。

張欣戊、林淑玲、李明芝（譯）（2010）。D. R. Shaffer & K. Kipp著。**發展
　　心理學**。臺北市：學富。

張春興（1994）。**教育心理學：三化取向的理論與實踐**。臺北市：東華。

張春興（2003）。**心理學原理**。臺北市：東華。

郭靜晃（2005）。**兒童發展與保育**。臺北市：威仕曼。

陳惠珍（2000）。**兒童發展與輔導**。臺北市：千華。

陳幗眉、洪福財（2001）。**兒童發展與輔導**。臺北市：五南。

黃天、邱妍祥、谷芊（2005）。**兒童發展與輔導**。臺北市：考用。

黃志成、王淑芬（1995）。**幼兒的發展與輔導**。臺北市：揚智。

經佩芝、杜淑美（1994）。**幼兒發展與輔導**。臺北市：龍騰。

詹棟樑（2007）。**兒童發展與輔導**。臺北市：師大書苑。

劉明德、林大巧（2003）。**兒童發展與輔導**。臺北市：揚智。

歐淑英（2001）。**兒童發展與輔導**。臺北市：博知。

蔡春美、翁麗芳、洪福財（2001）。**親子關係與親職教育**。臺北市：心理。

盧素碧（1989）。**幼兒的發展與輔導**。臺北市：文景。

附錄　歷屆國家考試試題暨參考解答

2000年

一、試說明選擇兒童遊戲器材應注意之事項為何？　　　【2000年普考】

【解答】

1.要配合兒童的身心發展與需求。

2.要具有教育價值的。

3.要合乎安全性。

4.要經濟實用且經久耐用。

5.要能啟發智力並培養創造力。

6.要配合現實生活環境及季節變化。

7.要顧及兒童的個別差異性。

二、試說明幼兒（3～6歲）所表現的「社會行為」與「非社會行為」為何？　　　【2000年普考】

【解答】

1.幼兒期的社會行為：常出現的有反抗行為、攻擊行為、打架（男童較多）、利社會行為（與他人分享玩具等）。

2.幼兒期的非社會行為：常出現的有退化行為（因為妒嫉弟妹的出生）、幻想及做白日夢（想像力太豐富）。

2001年

一、試說明兒童恐懼情緒的發展狀況、影響因素及輔導方法。

【2001年普考】

【解答】

1. 恐懼情緒的發展：兒童剛開始害怕的是與自然現象有關的東西（例如昆蟲、蛇、狗、怪噪音等），漸漸的會產生想像的恐懼（例如鬼怪等），稍長大後會對失敗和社會關係產生恐懼（例如學業失敗、交不到朋友等）。

2. 影響因素：（1）知道的危險越多，害怕的東西就越多；（2）受到成人的恐嚇及暗示；（3）受到制約反應的聯結；（4）模仿成人的恐懼情緒；（5）親身經歷不幸的體驗。

3. 輔導策略：（1）講一些有趣的笑話以轉移恐懼心理；（2）帶領兒童去觀察所害怕的事物，並解釋害怕的原因；（3）把兒童害怕的事物，常常和愉快的事物做聯結；（4）運用同儕模仿，例如怕狗的幼兒，把他帶進去不怕狗的同儕中一起玩。

二、試說明兒童友誼發展的階段及其輔導原則。　　【2001年普考】

【解答】

1. 兒童友誼發展的五個階段

（1）暫時性的友誼（3～7歲）：建立在彼此距離小而且座位近的小朋友，不懂得友誼是可以維持的。

（2）單方協助的友誼（5～9歲）：能接受別人觀點，但不能發展出互惠的友誼關係。

（3）公平合作的友誼（6～12歲）：朋友間發生衝突時，能共同解決問題、建立共識。

（4）親密分享的友誼（9～15歲）：對彼此的友誼關係感到滿意且堅固。

（5）自主互賴的友誼（12歲以上）：朋友間有各自發展的生活空間，彼此扶持幫助但不會過度依賴對方。

2.友誼發展的輔導原則

（1）培養兒童具有社會技巧的認知與解決問題的能力。

（2）設計單元主題課程，引導兒童討論如何分工合作，以培養合群的觀念。

（3）當兒童發生衝突時，適時引導兒童理性討論、化解衝突。

（4）成人提供身教示範，平時與周遭親友能建立良好互動關係。

<hr>

2003年

<hr>

一、對於嬰幼兒時期的教養，父母與教保人員為什麼需要給予撫摸、擁抱、關愛、安慰和激勵，這些做法對嬰幼兒的情緒發展和人格發展有何助益？　　　　　　　　　【2003年地方三等考試】

【解答】

1.擁抱和安撫可以建立信賴感。

2.撫摸和擁抱可以建立自我概念。

3.心理需求獲得滿足可以發展出樂觀態度。

4.關愛及依附行為可以建立良好親子關係。

5.多鼓勵和讚美可以產生愉快情緒，促進人格正向發展。

二、如何提升兒童的創造力？請說明之。　　　【2003年社福四等特考】

【解答】

1.安排創造思考的學習環境。

2.提供各種創造性的遊戲活動和空間。

3.提供圖書閱讀，讓兒童有機會共同閱讀討論和腦力激盪。

4.成人善用創造思考的發問技巧。

5.在日常生活中培養兒童創造能力的態度。

2004年

一、試從語言發展的理論來論述孩子的語言是如何發展的？並根據理論
　　分別闡述輔導策略。　　　　　　　　　　　　　　【2004年普考】

【解答】

1.環境論：阿爾波特（Allport）主張，幼兒學習語言是對成人語言的模
　仿，因此成人要提供良好的語言示範。

2.天賦論：詹姆斯基主張語言才是人類與生俱來的能力，因此成人要保
　護孩子的語言器官，避免上呼吸道感染，並注意兒童聽力的保護。

3.文化情境論：維高斯基主張社會環境對語言學習的重要性，因此成人
　要提供良好語言發展的友伴。

二、何謂利他行為？試從利社會道德推理的觀點來說明其發展層次及其
　　影響因素。　　　　　　　　　　　　　　　　　　【2004年普考】

【解答】

1.利他行為的意義：又稱「利社會行為」，乃是出自於對他人的關心，
　而且不求回報。

2.從柯爾柏格的道德推理論來說明一個人的利社會行為發展

（1）道德成規前期：利社會行為只是出自避罰服從的取向。

（2）道德成規期：利社會行為乃是出自為了獲得讚賞。

（3）道德成規後期：利社會行為乃是完全出自內心的自發動機，為追
　　　求更公平祥和的社會而做的事。

3.影響因素：包括性別、年齡、家庭因素及社會因素等。

2005年

一、試說明影響兒童發展的因素。 　　　　　　【2005年社工人員四等特考】

【解答】

兒童發展過程會受到「遺傳與環境因素」、「成熟與學習因素」及因素間交互作用的影響。

1.遺傳：個體自受精後，透過遺傳基因，使得父母的生理和心理特質可以傳遞給子女。

2.環境：包括產前的母胎環境及後天的生長環境。

3.遺傳與環境的交互作用：遺傳對特殊身心特質的影響較大，環境對個人的語言、興趣、社會行為及抽象思考能力的影響較大。

4.成熟：個體內在成熟因素的發展，例如「坐→爬→站→走」等基本動作技巧。

5.學習：環境中提供適當的外在刺激，可以增加學習的機會。

6.成熟與學習的交互作用：兒童發展無法「揠苗助長」，必須等待心理和生理機能的成熟才可以學習，學習後又能促進心理和生理機能的成熟。

二、為促進幼兒語言的正常發展，父母或主要照顧者可以提供哪一些適當的協助或輔導？ 　　　　　　　　　　　　【2005年教師檢定考】

【解答】

1.保護語言發音器官。

2.創造語言溝通環境：包括親子、同儕及師生間的語言溝通。

3.提供語言材料及閱讀。

4.善用語言教學原則。

5.矯正語言構音障礙。

三、請說明兒童情緒管理的目標及其內容。　　　【2005年教師檢定考】

【解答】

1.情緒管理的目標

（1）情緒智慧（E. I.）的定義：由Salovey與Mayer提出，是指個體在情緒方面的心智能力，亦即一個人能夠了解、處理及運用情緒，使生活更加豐富的能力。

（2）幫助自我的了解與內省、建立溝通能力與人際關係、培養同理心及提升問題解決的能力。

2.情緒管理的內容

（1）情緒的評估與表達：包括了解並表達自己的情緒、體察別人的情緒、發揮同理心。

（2）情緒的調整：包括調整自己的情緒、處理他人的情緒。

（3）情緒的運用：包括善用情緒來思索問題及解決問題、轉移注意力、激發動機（例如化悲憤為力量）。

四、闡述兒童讀物對兒童發展的意義與價值。　　　【2005年教師檢定考】

【解答】

1.兒童讀物對兒童發展的意義

（1）兒童讀物是一項藝術：兒童讀物有視覺美，也有語言美。畫面生動、色彩豔麗的圖畫書或繪本，對於求知欲旺盛的兒童來說，具有莫大的吸引力。

（2）兒童讀物蘊涵知識寓意：兒童讀物透過塑造人物形象及故事情節，可以傳達知識與情意，對兒童心智發展具有導引作用。

2.兒童讀物對兒童發展的價值

（1）培養兒童想像力、思考能力及美感能力：在閱讀兒童讀物的過

程，可以激發想像力、思考能力、藝術審美能力，甚至連語言、情感、態度及社會化都能得到發展，能帶給兒童有愉快的生活和樂趣。

(2) 增進良好的親子互動：家長可以陪伴子女一起閱讀，正好是親子間增進情感交流的最佳時刻。

(3) 啓迪創造力，開展多元智慧：閱讀是一切學習的重要基礎，藉由閱讀學習有助於兒童智力成長、語言發展，更能啓發創造力，充分展現多元智慧。

五、小明聰明活潑，熱愛球類運動，但行為不檢大過不犯小錯不斷，學業成績中等並且經常遲交作業。而最讓老師頭疼的是，小明老愛在上課時插嘴搞笑，帶動同學們嬉鬧起哄，常常影響班級秩序打斷老師授課。老師一旦制止小明立即行為收斂起來，但不久後即故態復萌。老師曾有幾次暗暗地計算小明插嘴搞笑的次數，最少的情況是一節課4次，最多是一節課16次。老師希望能減少小明上課插嘴搞笑的行為。試以行為改變技術的觀點，運用「區別增強」技術擬出行為改變計畫以輔導小明。　　　　　　【2005年教師檢定考】

【解答】

1. 行為改變技術的意義：是根據行為主義的原理而來，經由古典制約或操作制約學習建立反應行為，或透過模仿學習或認知學習改變個體的行為。

2. 區別增強（differential reinforcement of zero responding，簡稱DRO）的意義：是指在增強作用前，訓練者與被訓練者先談妥行為標準、進行規則、可獲取的增強物等條件，彼此簽訂契約並遵守契約規定，然後採逐步漸進方式實施。當個體在某一特定時間內，目標行為次數減少時，才能獲得增強，最終目標使某項行為不再出現。

3.區別增強的運用

（1）界定目標行為：減少小明插嘴搞笑行為的次數，甚至完全消失。

（2）訂定契約與行為下限：小明上課插嘴搞笑行為發生次數為4～16次，因此，必須讓小明清楚地知道哪些行為是老師在上課時不希望他出現的，並且訂定契約為：「如果小明插嘴搞笑的行為在課堂中能低於4次，就給個人加分，一次都沒有發生，就給整組加分。」

（3）運用代幣制度，並且在每節課後立即增強。

（4）在行為改變過程中要詳加觀察記錄，了解小明行為的改善情形，或是否需要調整增強物，以確保插嘴搞笑的行為完全消失。

2006年

一、請敘述個案輔導的基本步驟，並簡要說明之。

【2006年教師檢定考】

【解答】

1. 確定個案問題的狀況（界定問題）：可以從行為的目的來看待兒童的問題行為，試圖了解是為了滿足生理、心理或是成長需求。

2. 蒐集資料：包括個人基本資料、家庭背景、學校生活、心理特徵、健康狀況等。

3. 資料分析與診斷，尋繹兒童問題行為的原因。

4. 提出輔導策略與方法，例如運用遊戲治療法、團體諮商或家庭諮商等，實際介入處理兒童的問題行為。

5. 評估輔導效果，檢討改進輔導策略，並持續追蹤輔導。

二、請根據柯爾柏格（L. Kohlberg）的道德發展理論，說明下列五種反應，分別處於哪一個發展階段，並敘述該階段的特質。

小靜經常因為成績不好，被父母責備。她今天沒準備好，因此，她在想等一下考數學時要作弊。她應該作弊嗎？以下是一些個人的想法：

甲、應該，作弊得到好成績，她的父母會認為她是好女兒，以她為榮。

乙、不應該，如果她被抓到，會受到嚴厲的處分。

丙、不應該，因為作弊違反校規。

丁、不應該，因為作弊對班上其他的人是不公平的。

戊、應該，因為她若得到好成績，她的父母可能讓她去看場電影做為獎賞。

【2006年教師檢定考】

【解答】

甲：尋求認可階段。

乙：避罰服從階段。

丙：遵守法規階段。

丁：普遍倫理階段。

戊：相對功利階段。

2007年

一、小英一向習慣看到小東西，就抓起來往地上敲，讓它發出聲音。有一次在桌上的菜籃裡看到雞蛋，照樣撿起來敲，結果雞蛋破掉了才知道不是所有的東西都這樣。請根據皮亞傑認知發展理論，說明「平衡」、「失衡」、「同化」、「調適」等四個概念的涵義，並分別列出上述例子中與各概念相關的行為。　【2007年教師檢定考】

【解答】

1.平衡、失衡、同化及調適的概念

（1）平衡：當個體既有基模能夠輕易地同化環境中新的知識或經驗時，心理上會感到平衡且穩定。

（2）失衡：當個體既有基模無法同化環境中新的知識或經驗時，心理上會感到失衡，然後產生內在驅力去改變或調整既有基模。

（3）同化：個體將新的知識或經驗納入既有基模，產生類推運用。

（4）調適：個體無法同化新的知識或經驗時，主動修改既有基模以達到目的。

2.分析本題案例

（1）小英既有的認知基模是：「看到小東西，便抓起來往地上敲，讓它發出聲音」。

（2）當小英看到雞蛋，仍舊採用既有基模，拿雞蛋往地上敲，結果非但沒有發出聲音，雞蛋還破掉了。小英無法同化新事物，因此心理上由平衡轉向失衡狀態。此時，小英主動修改既有基模並進行心理調適，了解到並非所有東西拿到地上敲都會發出聲音。

二、請解釋後設認知（meta cognition）的意義，並說明如何運用以增進兒童學習的效果？　【2007年教師檢定考】

【解答】

1.後設認知的意義

（1）後設認知是指個人對自己認知歷程的認知，「知其然，更知其所以然」，亦即個人可以明確地了解所學的知識和內容，也能了解如何進一步支配知識和解決問題的能力。

（2）後設認知包括後設認知知識、後設認知技能兩種成分。

2.運用後設認知策略

（1）目標策略：幫助學生設定學習目標，並能採取適當方法來解決學習問題。

（2）監督策略：幫助學生記錄自己的學習過程，藉由自我監督產生一種內在回饋機制，自己決定是否需要修正學習目標或學習方法。

（3）評估策略：藉由自我評估來了解自己所擬定的學習策略是否有效。

2010年

> 一、保密是輔導工作者應遵守的基本原則，但有特殊情況時，得以解
> 除。請試列舉五種保密的特殊情況？　　　　【2010年教師檢定考】

【解答】

1. 保密的重要性：基於信任，當事人坦誠地向輔導員吐露心聲，包括許
   多個人資料、生活情況及隱私；另外，在輔導過程中，輔導員可能採
   用心理測驗或其他方法得到當事人的資料。身為一位輔導工作者，通
   常會將上述資料都記錄在案，但絕對不可外洩。

2. 保密的特殊情況：在實際情況中，有時輔導員要保密會出現不少的困
   難，甚至於產生衝突和矛盾。這是因為輔導員通常要向所受聘任的機
   構負責，同時要和有關的人員或家長合作，一旦彼此缺乏共識又無法
   衷心合作，或是家長不夠信任時，輔導員就要面對很大的壓力。不
   過，確保資料的保密性雖然重要，若有必需，在危及當事人自己和他
   人性命危險的情況下，輔導員極可能不能再堅持保密原則。但也要特
   別留意的是，儘可能仍要通知當事人自己所做的改變。

> 二、如何幫助幼兒在學前階段作好幼小銜接的準備呢？請至少提出三
> 項，並作簡要說明。　　　　　　　【2010年原住民四等特考】

【解答】

1. 幼小銜接過程中，幼兒常遭遇的問題
   (1) 生活適應：小學一年級新生，面對不同的學習環境，容易會出現
       適應欠佳的問題，包括無法遵循指示行動、無法遵守教室常規、
       不能了解上下課的時間規定、不能適應沒有點心時間等問題。
   (2) 學習能力：小學一年級開始使用教科書，教師會給予家庭作業，
       對於學習的要求比較多，而且有實施定期評量，容易產生學習方

面的壓力。

（3）社交關係：部分兒童社交技巧不佳，或個性害羞，缺乏溝通技巧，容易造成團體相處有困難。

2.幼小銜接的準備工作

（1）尋求社區的支援：幼稚園的園長應主動尋求社區領導者或家長的支持，規劃並實施幼小銜接活動。

（2）幫助家長及幼兒做好準備：幼稚園應提供訊息讓家長了解幼稚園和小學的差異，也可以安排小學生的家長到幼稚園和家長分享小一新生入學的經驗；或是安排幼兒至小學參觀，或邀請小學生及小學老師到班上參加活動等。

三、什麼是感覺統合？會有哪些可能的症狀？對幼兒可能的影響是什麼？身為老師，發現班上孩子似乎有出現感覺統合失調的症狀，該如何處理？　　　　　　　　　　　　【2010年原住民三等特考】

【解答】

1.感覺統合的定義：是指一種神經系統運作過程，用來組織及協調來自身體與外在環境的感覺訊息，使個體可以有效運用肢體動作與環境交互作用。若感覺統合出現失調或異常時，會產生知覺、語言、認知障礙、情緒及行為控制不當等問題。

2.感覺統合失調的症狀與影響：（1）對觸覺、視覺、聲音等刺激，有過度敏感的現象；（2）對感覺刺激會有遲鈍的反應；（3）活動量不尋常的過高或過低；（4）身體協調性產生障礙，例如常會撞到東西、摔跤等；（5）行為組織能力差，做事缺乏計畫；（6）語言及動作發展遲緩，學業成績低落；（7）自我管理能力差，生活自理產生問題。

3.感覺統合治療的處理：（1）越早治療越好，家長應把握3～5歲的治

療黃金期，兒童必須反覆接受治療；（2）設定治療目標並運用遊戲治療方式，來促進兒童的神經系統自動化處理感覺訊息，並表現出適當的反應，而不是教導兒童特定的運動技巧；（3）逐步改善兒童的粗動作及精細動作之協調能力、語言發展及組織能力，改善過動情形，增進視線接觸及注意力持續程度；（4）感覺統合的治療效果會受到兒童個別差異的影響。

四、你要孩子去上廁所，結果有一個小朋友寧願尿濕褲子，堅持不去上廁所，此時，你會採取什麼方法來解決此一問題呢？

【2010年原住民四等特考】

【解答】

1. 讓孩子喜歡進廁所：廁所的環境會影響孩子上廁所的興趣，所以父母或老師可以根據孩子個人喜好適當的裝飾廁所，例如擺放一些孩子喜歡的玩具，張貼一些可愛的卡通海報、貼紙等，或是剛開始時由成人陪在身邊，讓孩子感到舒適安全、心情放鬆，就能克服對於廁所的恐懼感。然後，如果孩子完成了這些動作，就要及時鼓勵。

2. 培養孩子如廁的意願：對孩子來說，如廁訓練只能引導而無法強迫的，成人必須尊重孩子的意願，鼓勵並耐心的引導。可以先了解孩子學習上廁所需要的動作能力，例如能坐在馬桶上、拉下或穿回褲子、能收放肛門括約肌等；然後，讓孩子體驗上廁所後有乾淨的舒適感。

3. 良好的示範與觀摩：孩子的學習大部分是靠「模仿」而來，因此可以找機會讓孩子觀看其他同儕或父母坐馬桶上廁所的情形，必要時做一些特別的示範，讓孩子學到正確上廁所的方法。

五南文化廣場　橫跨各領域的專業性、學術性書籍 在這裡必能滿足您的絕佳選擇!

五南全國門市

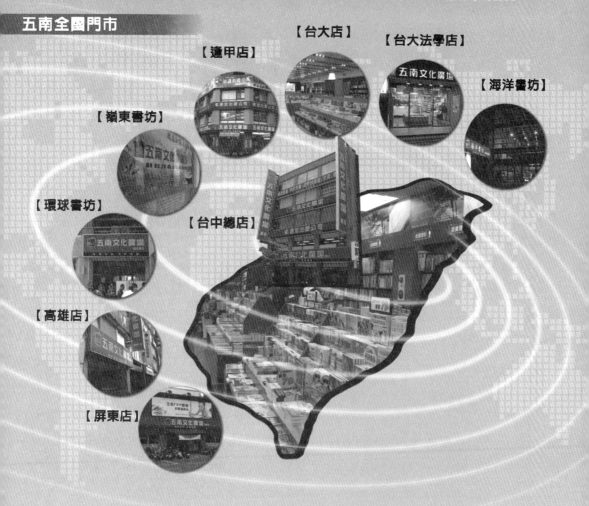

【台大店】

【台大法學店】

【逢甲店】

【海洋書坊】

【嶺東書坊】

【環球書坊】

【台中總店】

【高雄店】

【屏東店】

海 洋 書 坊：202 基 隆 市 北 寧 路 2號　TEL：02-24636590　FAX：02-24636591
台 大 店：100 台北市羅斯福路四段160號　TEL：02-23683380　FAX：02-23683381
台大法學店：100 台北市中正區銅山街1號　TEL：02-33224985　FAX：02-33224983
逢 甲 店：407 台中市河南路二段240號　TEL：04-27055800　FAX：04-27055801
台 中 總 店：400 台 中 市 中 山 路 6號　TEL：04-22260330　FAX：04-22258234
嶺 東 書 坊：408 台中市南屯區嶺東路1號　TEL：04-23853672　FAX：04-23853719
環 球 書 坊：640 雲林縣斗六市嘉東里鎮南路1221號　TEL：05-5348939　FAX：05-5348940
高 雄 店：800 高 雄 市 中 山 一 路 290號　TEL：07-2351960　FAX：07-2351963
屏 東 店：900 屏 東 市 中 山 路 46-2號　TEL：08-7324020　FAX：08-7327357
中信圖書團購部：400 台 中 市 中 山 路 6號　TEL：04-22260339　FAX：04-22258234
政府出版品總經銷：400 台中市綠川東街32號3樓　TEL：04-22210237　FAX：04-22210238
網 路 書 店　http://www.wunanbooks.com.tw

國家圖書館出版品預行編目資料

兒童發展與輔導概要／吳錦惠、吳俊憲
著. ─ 初版. ─ 臺北市：五南, 2011.08
　　　面；　　公分.--

ISBN 978-957-11-6356-7（平裝）

1.兒童發展 2.兒童心理學 3.教育輔導

523.1　　　　　　　　　　100014175

1IVS

兒童發展與輔導概要

作　　者 ─ 吳錦惠、吳俊憲(63.5)

發 行 人 ─ 楊榮川

總 編 輯 ─ 龐君豪

主　　編 ─ 陳念祖

編　　輯 ─ 李敏華

封　　面 ─ 童安安

出 版 者 ─ 五南圖書出版股份有限公司

地　　址：106台北市大安區和平東路二段339號4樓

電　　話：(02)2705-5066　　傳　真：(02)2706-6100

網　　址：http://www.wunan.com.tw

電子郵件：wunan@wunan.com.tw

劃撥帳號：01068953

戶　　名：五南圖書出版股份有限公司

台中市駐區辦公室/台中市中區中山路6號

電　　話：(04)2223-0891　　傳　真：(04)2223-3549

高雄市駐區辦公室/高雄市新興區中山一路290號

電　　話：(07)2358-702　　傳　真：(07)2350-236

法律顧問　元貞聯合法律事務所　張澤平律師

出版日期　2011年8月初版一刷

定　　價　新臺幣350元